De bello Gallico

Jules César

Jules César
Caius Iulius Caesar

De bello Gallico

Ce livre est une composition que nous avons effectuée à partir des textes du site Perseus :

http://www.perseus.tufts.edu/

Cette œuvre est mise à disposition sous licence Attribution - Partage dans les Mêmes Conditions 3.0 États-Unis. Pour voir une copie de cette licence, visitez http://creativecommons.org/licens es/by-sa/3.0/us/ ou écrivez à Creative Commons, PO Box 1866, Mountain View, CA 94042, USA.

Commentarius Primus

I. 1. Gallia est omnis divisa in partes tres, quarum unam incolunt Belgae, aliam Aquitani, tertiam qui ipsorum lingua Celtae, nostra Galli appellantur. 2. Hi omnes lingua, institutis, legibus inter se differunt. Gallos ab Aquitanis Garumna flumen, a Belgis Matrona et Sequana dividit. 3. Horum omnium fortissimi sunt Belgae, propterea quod a cultu atque humanitate provinciae longissime absunt, minimeque ad eos mercatores saepe commeant atque ea quae ad effeminandos animos pertinent important, 4. proximique sunt Germanis, qui trans Rhenum incolunt, quibuscum continenter bellum gerunt. Qua de causa Helvetii quoque reliquos Gallos virtute praecedunt, quod fere cotidianis proeliis cum Germanis contendunt, cum aut suis finibus eos prohibent aut ipsi in eorum finibus bellum gerunt. 5. [Eorum una, pars, quam Gallos obtinere dictum est, initium capit a flumine Rhodano, continetur Garumna flumine, Oceano, finibus Belgarum, attingit etiam ab Sequanis et Helvetiis flumen Rhenum, vergit ad septentriones. 6. Belgae ab extremis Galliae finibus oriuntur, pertinent ad inferiorem partem fluminis Rheni, spectant in septentrionem et orientem solem. 7. Aquitania a Garumna flumine ad Pyrenaeos montes et eam partem Oceani quae est ad Hispaniam pertinet; spectat inter occasum solis et septentriones.]

II. 1. Apud Helvetios longe nobilissimus fuit et ditissimus Orgetorix. Is M. Messala, [et P.] M. Pisone consulibus regni cupiditate inductus coniurationem nobilitatis fecit et civitati persuasit ut de finibus suis cum omnibus copiis exirent : 2. perfacile esse, cum virtute omnibus praestarent, totius Galliae imperio potiri. 3. Id hoc facilius iis persuasit, quod undique loci natura Helvetii continentur : una ex parte flumine Rheno latissimo atque altissimo, qui agrum Helvetium a Germanis dividit; altera ex parte monte Iura altissimo, qui est inter Sequanos et Helvetios; tertia lacu Lemanno et flumine Rhodano, qui provinciam nostram ab Helvetiis dividit. 4. His rebus fiebat ut et minus late vagarentur et minus facile finitimis bellum inferre possent; 5. qua ex parte homines bellandi cupidi magno dolore adficiebantur. 6. Pro multitudine autem hominum et pro gloria belli atque fortitudinis angustos se fines habere arbitrabantur, qui in longitudinem milia passuum CCXL, in latitudinem CLXXX patebant.

III. 1. His rebus adducti et auctoritate Orgetorigis permoti constituerunt ea quae ad proficiscendum pertinerent comparare, iumentorum et carrorum quam maximum numerum coemere, sementes quam maximas facere, ut in itinere copia frumenti suppeteret, cum proximis civitatibus pacem et amicitiam confirmare. 2. Ad eas res conficiendas biennium sibi satis esse duxerunt; in tertium annum profectionem lege confirmant. 3. Ad eas res conficiendas Orgetorix deligitur. Is sibi legationem ad civitates suscipit. In eo itinere persuadet Castico, Catamantaloedis filio, Sequano, cuius pater regnum in Sequanis multos annos obtinuerat et a senatu populi Romani amicus appellatus erat, ut regnum in civitate sua occuparet, quod pater ante habuerit; 4. itemque Dumnorigi Haeduo, fratri Diviciaci, qui eo tempore principatum in civitate obtinebat ac maxime plebi acceptus erat, ut idem conaretur persuadet eique filiam suam in matrimonium dat. 5. Perfacile factu esse illis probat conata perficere, propterea quod ipse suae civitatis imperium obtenturus esset : 6. non esse dubium quin totius Galliae plurimum Helvetii possent; se suis copiis suoque exercitu illis regna conciliaturum confirmat. 7. Hac oratione adducti inter se fidem et ius iurandum dant et regno occupato per tres potentissimos ac firmissimos populos totius Galliae sese potiri posse sperant.

IV. 1. Ea res est Helvetiis per indicium enuntiata. Moribus suis Orgetoricem ex vinculis causam dicere coegerunt; damnatum poenam sequi oportebat, ut igni cremaretur. 2. Die constituta causae dictionis Orgetorix ad iudicium omnem suam familiam, ad hominum milia decem, undique coegit, et omnes clientes obaeratosque suos, quorum magnum numerum habebat, eodem conduxit; per eos ne causam diceret se eripuit. 3. Cum civitas ob eam rem incitata armis ius suum exequi conaretur multitudinemque hominum ex agris magistratus cogerent, Orgetorix mortuus est; 4. neque abest suspicio, ut Helvetii arbitrantur, quin ipse sibi mortem consciverit.

V. 1. Post eius mortem nihilo minus Helvetii id quod constituerant facere conantur, ut e finibus suis exeant. 2. Ubi iam se ad eam rem paratos esse arbitrati sunt, oppida sua omnia, numero ad duodecim, vicos ad quadringentos, reliqua privata aedificia incendunt; 3. frumentum omne, praeter quod secum portaturi erant, comburunt, ut domum reditionis spe sublata paratiores ad omnia pericula subeunda essent; trium mensum molita cibaria sibi quemque domo efferre iubent. Persuadent Rauracis et Tulingis et Latobrigis finitimis, uti eodem usi consilio oppidis suis vicisque exustis una cum iis proficiscantur, Boiosque, qui trans Rhenum incoluerant et in agrum Noricum transierant Noreiamque oppugnabant, receptos ad se socios sibi adsciscunt.

VI. 1. Erant omnino itinera duo, quibus itineribus domo exire possent : unum per Sequanos, angustum et difficile, inter montem Iuram et flumen Rhodanum, vix qua singuli carri ducerentur, mons autem altissimus impendebat, ut facile perpauci prohibere possent; 2. alterum per provinciam nostram, multo facilius atque expeditius, propterea quod inter fines Helvetiorum et Allobrogum, qui nuper pacati erant, Rhodanus fluit isque non nullis locis vado transitur. 3. Extremum oppidum Allobrogum est proximumque Helvetiorum finibus Genava. Ex eo oppido pons ad Helvetios pertinet. Allobrogibus sese vel persuasuros, quod nondum bono animo in populum Romanum viderentur, existimabant vel vi coacturos ut per suos fines eos ire paterentur. Omnibus rebus ad profectionem comparatis diem dicunt, qua die ad ripam Rhodani omnes conveniant. is dies erat a. d. V. Kal. Apr. L. Pisone, A. Gabinio consulibus.

VII. 1. Caesari cum id nuntiatum esset, eos per provinciam nostram iter facere conari, maturat ab urbe proficisci et quam maximis potest itineribus in Galliam ulteriorem contendit et ad Genavam pervenit. 2. Provinciae toti quam maximum potest militum numerum imperat

(erat omnino in Gallia ulteriore legio una), pontem, qui erat ad Genavam, iubet rescindi. 3. Ubi de eius aventu Helvetii certiores facti sunt, legatos ad eum mittunt nobilissimos civitatis, cuius legationis Nammeius et Verucloetius principem locum obtinebant, qui dicerent sibi esse in animo sine ullo maleficio iter per provinciam facere, propterea quod aliud iter haberent nullum : rogare ut eius voluntate id sibi facere liceat. Caesar, quod memoria tenebat L. Cassium consulem occisum exercitumque eius ab Helvetiis pulsum et sub iugum missum, concedendum non putabat; 4. neque homines inimico animo, data facultate per provinciam itineris faciundi, temperaturos ab iniuria et maleficio existimabat. 5. Tamen, ut spatium intercedere posset dum milites quos imperaverat convenirent, legatis respondit diem se ad deliberandum sumpturum : si quid vellent, ad Id. April. reverterentur.

VIII. 1. Interea ea legione quam secum habebat militibusque, qui ex provincia convenerant, a lacu Lemanno, qui in flumen Rhodanum influit, ad montem Iuram, qui fines Sequanorum ab Helvetiis dividit, milia passuum XVIIII murum in altitudinem pedum sedecim fossamque perducit. 2. Eo opere perfecto praesidia disponit, castella communit, quo facilius, si se invito transire conentur, prohibere possit. 3. Ubi ea dies quam constituerat cum legatis venit et legati ad eum reverterunt, negat se more et exemplo populi Romani posse iter ulli per provinciam dare et, si vim lacere conentur, prohibiturum ostendit. 4. Helvetii ea spe deiecti navibus iunctis ratibusque compluribus factis, alii vadis Rhodani, qua minima altitudo fluminis erat, non numquam interdiu, saepius noctu si perrumpere possent conati, operis munitione et militum concursu et telis repulsi, hoc conatu destiterunt.

IX. 1. Relinquebatur una per Sequanos via, qua Sequanis invitis propter angustias ire non poterant. 2. His cum sua sponte persuadere non possent, legatos ad Dumnorigem Haeduum mittunt, ut eo deprecatore a Sequanis impetrarent. 3. Dumnorix gratia et largitione apud Sequanos plurimum poterat et Helvetiis erat amicus, quod ex ea civitate Orgetorigis filiam in matrimonium duxerat, et cupiditate regni adductus novis rebus studebat et quam plurimas civitates suo beneficio habere obstrictas volebat. 4. Itaque rem suscipit et a Sequanis impetrat ut per fines suos Helvetios ire patiantur, obsidesque uti inter sese dent perficit : Sequani, ne itinere Helvetios prohibeant, Helvetii, ut sine maleficio et iniuria transeant.

X. 1. Caesari renuntiatur Helvetiis esse in animo per agrum Sequanorum et Haeduorum iter in Santonum fines facere, qui non longe a Tolosatium finibus absunt, quae civitas est in provincia. 2. Id si fieret, intellegebat magno cum periculo provinciae futurum ut homines bellicosos, populi Romani inimicos, locis patentibus maximeque frumentariis finitimos haberet. 3. Ob eas causas ei munitioni quam fecerat T. Labienum legatum praeficit ; ipse in Italiam magnis itineribus contendit duasque ibi legiones conscribit et tres, quae circum Aquileiam hiemabant, ex hibernis educit et, qua proximum iter in ulteriorem Galliam per Alpes erat, cum his quinque legionibus ire contendit. 4. Ibi Ceutrones et Graioceli et Caturiges locis superioribus occupatis itinere exercitum prohibere conantur. Compluribus his proeliis pulsis ab Ocelo, quod est oppidum citerioris provinciae extremum, in fines Vocontiorum ulterioris provinciae die septimo pervenit ; inde in Allobrogum fines, ab Allobrogibus in Segusiavos exercitum ducit. Hi sunt extra provinciam trans Rhodanum primi.

XI. 1. Helvetii iam per angustias et fines Sequanorum suas copias traduxerant et in Haeduorum fines pervenerant eorumque agros populabantur. 2. Haedui, cum se suaque ab iis defendere non possent, legatos ad Caesarem mittunt rogatum auxilium : 3. ita se omni tempore de populo Romano meritos esse ut paene in conspectu exercitus nostri agri vastari, liberi [eorum] in servitutem abduci, oppida expugnari non debuerint. Eodem tempore quo Haedui Ambarri, necessarii et consanguinei Haeduorum, Caesarem certiorem faciunt sese depopulatis agris non facile ab oppidis vim hostium prohibere. 4. Item Allobroges, qui trans Rhodanum vicos possessionesque habebant, fuga se ad Caesarem recipiunt et demonstrant sibi praeter agri solum nihil esse reliqui. 5. Quibus rebus adductus Caesar non expectandum sibi statuit dum, omnibus, fortunis sociorum consumptis, in Santonos Helvetii pervenirent.

XII. 1. Flumen est Arar, quod per fines Haeduorum et Sequanorum in Rhodanum influit, incredibili lenitate, ita ut oculis in utram partem fluat iudicari non possit. Id Helvetii ratibus ac lintribus iunctis transibant. 2. Ubi per exploratores Caesar certior factus est tres iam partes copiarum Helvetios id flumen traduxisse, quartam vero partem citra flumen Ararim reliquam esse, de tertia vigilia cum legionibus tribus e castris profectus ad eam partem pervenit quae nondum flumen transierat. 3. Eos impeditos et inopinantes adgressus magnam partem eorum concidit; reliqui sese fugae mandarunt atque in proximas silvas abdiderunt. 4. Is pagus appellabatur Tigurinus; nam omnis civitas Helvetia in quattuor pagos divisa est. 5. Hic pagus unus, cum domo exisset, patrum nostrorum memoria L. Cassium consulem interfecerat et eius exercitum sub iugum miserat. 6. Ita sive casu sive consilio deorum immortalium quae pars civitatis Helvetiae insignem calamitatem populo Romano intulerat, ea princeps poenam persolvit. 7. Qua in re Caesar non solum publicas, sed etiam privatas iniurias ultus est, quod eius soceri L. Pisonis avum, L. Pisonem legatum, Tigurini eodem proelio quo Cassium interfecerant.

XIII. 1. Hoc proelio facto, reliquas copias Helvetiorum ut consequi posset, pontem in Arari faciendum curat atque ita exercitum traducit. 2. Helvetii repentino eius adventu commoti cum id quod ipsi diebus XX aegerrime confecerant, ut flumen transirent, illum uno die fecisse intellegerent, legatos ad eum mittunt; cuius legationis Divico princeps fuit, qui bello Cassiano dux Helvetiorum fuerat. 3. Is ita cum Caesare egit : si pacem populus Romanus cum Helvetiis faceret, in eam partem ituros atque ibi futuros Helvetios ubi eos Caesar constituisset atque esse voluisset; 4. sin bello persequi perseveraret, reminisceretur et veteris incommodi populi Romani et pristinae virtutis Helvetiorum. Quod improviso unum pagum adortus esset, cum ii qui flumen transissent suis auxilium ferre non possent, ne ob eam rem aut suae magnopere virtuti tribueret aut ipsos despiceret. Se ita a patribus maioribusque suis didicisse, ut magis virtute contenderent quam dolo aut insidiis niterentur. 5. Quare ne committeret ut is locus ubi constitissent ex calamitate populi Romani et internecione exercitus nomen caperet aut memoriam proderet.

XIV. 1. His Caesar ita respondit : eo sibi minus dubitationis dari, quod eas res quas legati Helvetii commemorassent memoria teneret, atque eo gravius ferre quo minus merito populi Romani accidissent;

2. qui si alicuius iniuriae sibi conscius fuisset, non fuisse difficile cavere; sed eo deceptum, quod neque commissum a se intellegeret quare timeret neque sine causa timendum putaret. 3. Quod si veteris contumeliae oblivisci vellet, num etiam recentium iniuriarum, quod eo invito iter per provinciam per vim temptassent, quod Haeduos, quod Ambarros, quod Allobrogas vexassent, memoriam deponere posse? 4. Quod sua victoria tam insolenter gloriarentur quodque tam diu se impune iniurias tulisse admirarentur, eodem pertinere. 5. Consuesse enim deos immortales, quo gravius homines ex commutatione rerum doleant, quos pro scelere eorum ulcisci velint, his secundiores interdum res et diuturniorem impunitatem concedere. 6. Cum ea ita sint, tamen, si obsides ab iis sibi dentur, uti ea quae polliceantur facturos intellegat, et si Haeduis de iniuriis quas ipsis sociisque eorum intulerint, item si Allobrogibus satis faciunt, sese cum iis pacem esse facturum. 7. Divico respondit : ita Helvetios a maioribus suis institutos esse uti obsides accipere, non dare, consuerint; eius rei populum Romanum esse testem. Hoc responso dato discessit.

XV. 1. Postero die castra ex eo loco movent. Idem facit Caesar equitatumque omnem, ad numerum quattuor milium, quem ex omni provincia et Haeduis atque eorum sociis coactum habebat, praemittit, qui videant quas in partes hostes iter faciant. Qui cupidius novissimum agmen insecuti alieno loco cum equitatu Helvetiorum proelium committunt; et pauci de nostris cadunt. 2. Quo proelio sublati Helvetii, quod quingentis equitibus tantam multitudinem equitum propulerant, audacius subsistere non numquam et novissimo agmine proelio nostros lacessere coeperunt. Caesar suos a proelio continebat, ac satis habebat in praesentia hostem rapinis, pabulationibus populationibusque prohibere. 3. Ita dies circiter XV iter fecerunt uti inter novissimum hostium agmen et nostrum primum non amplius quinis aut senis milibus passuum interesset.

XVI. 1. Interim cotidie Caesar Haeduos frumentum, quod essent publice polliciti, flagitare. 2. Nam propter frigora [quod Gallia sub septentrionibus, ut ante dictum est, posita est,] non modo frumenta in agris matura non erant, sed ne pabuli quidem satis magna copia suppetebat; 3. eo autem frumento quod flumine Arari navibus subvexerat propterea uti minus poterat quod iter ab Arari Helvetii averterant, a quibus discedere nolebat. 4. Diem ex die ducere Haedui : conferri, comportari, adesse dicere. 5. Ubi se diutius duci intellexit et diem instare quo die frumentum militibus metiri oporteret, convocatis eorum principibus, quorum magnam copiam in castris habebat, in his Diviciaco et Lisco, qui summo magistratui praeerat, quem vergobretum appellant Haedui, qui creatur annuus et vitae necisque in suos habet potestatem, graviter eos accusat, 6. quod, cum neque emi neque ex agris sumi possit, tam necessario tempore, tam propinquis hostibus ab iis non sublevetur, praesertim cum magna ex parte eorum precibus adductus bellum susceperit[; multo etiam gravius quod sit destitutus queritur].

XVII. 1. Tum demum Liscus oratione Caesaris adductus quod antea tacuerat proponit : esse non nullos, quorum auctoritas apud plebem plurimum valeat, qui privatim plus possint quam ipsi magistratus. 2. Hos seditiosa atque improba oratione multitudinem deterrere, ne frumentum conferant quod debeant : 3. praestare, si iam principatum Galliae obtinere non possint, Gallorum quam Romanorum imperia perferre, 4. neque dubitare [debeant] quin, si Helvetios superaverint Romani, una cum reliqua Gallia Haeduis libertatem sint erepturi. 5. Ab isdem nostra consilia quaeque in castris gerantur hostibus enuntiari ; hos a se coerceri non posse. 6. Quin etiam, quod necessariam rem coactus Caesari enuntiarit, intellegere sese quanto id cum periculo fecerit, et ob eam causam quam diu potuerit tacuisse.

XVIII. 1. Caesar hac oratione Lisci Dumnorigem, Diviciaci fratrem, designari sentiebat, sed, quod pluribus praesentibus eas res iactari nolebat, celeriter concilium dimittit, Liscum retinet. 2. Quaerit ex solo ea quae in conventu dixerat. Dicit liberius atque audacius. Eadem secreto ab aliis quaerit ; reperit esse vera : 3. ipsum esse Dumnorigem, summa audacia, magna apud plebem propter liberalitatem gratia, cupidum rerum novarum. Complures annos portoria reliquaque omnia Haeduorum vectigalia parvo pretio redempta habere, propterea quod illo licente contra liceri audeat nemo. 4. His rebus et suam rem familiarem auxisse et facultates ad largiendum magnas comparasse ; 5. magnum numerum equitatus suo sumptu semper alere et circum se habere, 6. neque solum domi, sed etiam apud finitimas civitates largiter posse, atque huius potentiae causa matrem in Biturigibus homini illic nobilissimo ac potentissimo conlocasse ; 7. ipsum ex Helvetiis uxorem habere, sororum ex matre et propinquas suas nuptum in alias civitates conlocasse. 8. Favere et cupere Helvetiis propter eam adfinitatem, odisse etiam suo nomine Caesarem et Romanos, quod eorum adventu potentia eius deminuta et Diviciacus frater in antiquum locum gratiae atque honoris sit restitutus. 9. Si quid accidat Romanis, summam in spem per Helvetios regni obtinendi venire ; imperio populi Romani non modo de regno, sed etiam de ea quam habeat gratia desperare. 10. Reperiebat etiam in quaerendo Caesar, quod proelium equestre adversum paucis ante diebus esset factum, initium eius fugae factum a Dumnorige atque eius equitibus (nam equitatui, quem auxilio Caesari Haedui miserant, Dumnorix praeerat) : eorum fuga reliquum esse equitatum perterritum.

XIX. 1. Quibus rebus cognitis, cum ad has suspiciones certissimae res accederent, quod per fines Sequanorum Helvetios traduxisset, quod obsides inter eos dandos curasset, quod ea omnia non modo iniussu suo et civitatis sed etiam inscientibus ipsis fecisset, quod a magistratu Haeduorum accusaretur, satis esse causae arbitrabatur quare in eum aut ipse animadverteret aut civitatem animadvertere iuberet. 2. His omnibus rebus unum repugnabat, quod Diviciaci fratris summum in populum Romanum studium, summum in se voluntatem, egregiam fidem, iustitiam, temperantiam cognoverat ; nam ne eius supplicio Diviciaci animum offenderet verebatur. 3. Itaque prius quam quicquam conaretur, Diviciacum ad se vocari iubet et, cotidianis interpretibus remotis, per C. Valerium Troucillum, principem Galliae provinciae, familiarem suum, cui summam omnium rerum fidem habebat, cum eo conloquitur ; 4. simul commonefacit quae ipso praesente in concilio [Gallorum] de Dumnorige sint dicta, et ostendit quae separatim quisque de eo apud se dixerit. 5. Petit atque hortatur ut sine eius offensione animi vel ipse de eo causa cognita statuat vel civitatem statuere iubeat.

XX. 1. Diviciacus multis cum lacrimis Caesarem complexus obsecrare coepit ne quid gravius in fratrem statueret : 2. scire se illa esse vera, nec quemquam ex eo plus quam se doloris capere, propterea quod, cum ipse gratia plurimum domi atque in reliqua Gallia, ille minimum propter adulescentiam posset, per se crevisset ; 3. quibus opibus ac nervis non solum ad minuendam gratiam, sed paene ad perniciem suam uteretur. Sese tamen et amore fraterno et existimatione vulgi commoveri. 4. Quod si quid ei a Caesare gravius accidisset, cum ipse eum locum amicitiae apud eum teneret, neminem existimaturum non sua voluntate factum; qua ex re futurum uti totius Galliae animi a se averterentur. 5. Haec cum pluribus verbis flens a Caesare peteret, Caesar eius dextram prendit; consolatus rogat finem orandi faciat; tanti eius apud se gratiam esse ostendit uti et rei publicae iniuriam et suum dolorem eius voluntati ac precibus condonet. Dumnorigem ad se vocat, fratrem adhibet; quae in eo reprehendat ostendit; quae ipse intellegat, quae civitas queratur proponit; monet ut in reliquum tempus omnes suspiciones vitet; praeterita se Diviciaco fratri condonare dicit. Dumnorigi custodes ponit, ut quae agat, quibuscum loquatur scire possit.

XXI. 1. Eodem die ab exploratoribus certior factus hostes sub monte consedisse milia passuum ab ipsius castris octo, qualis esset natura montis et qualis in circuitu ascensus qui cognoscerent misit. 2. Renuntiatum est facilem esse. De tertia vigilia T. Labienum, legatum pro praetore, cum duabus legionibus et iis ducibus qui iter cognoverant summum iugum montis ascendere iubet; quid sui consilii sit ostendit. 3. Ipse de quarta vigilia eodem itinere quo hostes ierant ad eos contendit equitatumque omnem ante se mittit. 4. P. Considius, qui rei militaris peritissimus habebatur et in exercitu L. Sullae et postea in M. Crassi fuerat, cum exploratoribus praemittitur.

XXII. 1. Prima luce, cum summus mons a [Lucio] Labieno teneretur, ipse ab hostium castris non longius mille et quingentis passibus abesset neque, ut postea ex captivis comperit, aut ipsius adventus aut Labieni cognitus esset, 2. Considius equo admisso ad eum accurrit, dicit montem, quem a Labieno occupari voluerit, ab hostibus teneri : id se a Gallicis armis atque insignibus cognovisse. 3. Caesar suas copias in proximum collem subducit, aciem instruit. Labienus, ut erat ei praeceptum a Caesare ne proelium committeret, nisi ipsius copiae prope hostium castra visae essent, ut undique uno tempore in hostes impetus fieret, monte occupato nostros expectabat proelioque abstinebat. 4. Multo denique die per exploratores Caesar cognovit et montem a suis teneri et Helvetios castra, movisse et Considium timore perterritum quod non vidisset pro viso sibi renuntiavisse. Eo die quo consuerat intervallo hostes sequitur et milia passuum tria ab eorum castris castra ponit.

XXIII. 1. Postridie eius diei, quod omnino biduum supererat, cum exercitui frumentum metiri oporteret, et quod a Bibracte, oppido Haeduorum longe maximo et copiosissimo, non amplius milibus passuum XVIII aberat, rei frumentariae prospiciendum existimavit; itaque iter ab Helvetiis avertit ac Bibracte ire contendit. 2. Ea res per fugitivos L. Aemilii, decurionis equitum Gallorum, hostibus nuntiatur. 3. Helvetii, seu quod timore perterritos Romanos discedere a se existimarent, eo magis quod pridie superioribus locis occupatis proelium non commisissent, sive eo quod re frumentaria intercludi posse confiderent, commutato consilio atque itinere converso nostros a novissimo agmine insequi ac lacessere coeperunt.

XXIV. 1. Postquam id animum advertit, copias suas Caesar in proximum collem subduxit equitatumque, qui sustineret hostium petum, misit. 2. Ipse interim in colle medio triplicem aciem instruxit legionum quattuor veteranarum; in summo iugo duas legiones quas in Gallia citeriore proxime conscripserat et omnia auxilia conlocavit, 3. ita ut supra se totum montem hominibus compleret; impedimenta sarcinasque in unum locum conferri et eum ab iis qui in superiore acie constiterant muniri iussit. 4. Helvetii cum omnibus suis carris secuti impedimenta in unum locum contulerunt; ipsi confertissima acie, reiecto nostro equitatu, phalange facta sub primam nostram aciem successerunt.

XXV. 1. Caesar primum suo, deinde omnium ex conspectu remotis equis, ut aequato omnium periculo spem fugae tolleret, cohortatus suos proelium commisit. 2. Milites loco superiore pilis missis facile hostium phalangem perfregerunt. Ea disiecta gladiis destrictis in eos impetum fecerunt. 3. Gallis magno ad pugnam erat impedimento quod pluribus eorum scutis uno ictu pilorum transfixis et conligatis, cum ferrum se inflexisset, neque evellere neque sinistra impedita satis commode pugnare poterant, 4. multi ut diu iactato bracchio praeoptarent scutum manu emittere et nudo corpore pugnare. 5. Tandem vulneribus defessi et pedem referre et, quod mons suberit circiter mille passuum spatio, eo se recipere coeperunt. 6. Capto monte et succedentibus nostris, Boi et Tulingi, qui hominum milibus circiter XV agmen hostium claudebant et novissimis praesidio erant, ex itinere nostros ab latere aperto adgressi circumvenire, et id conspicati Helvetii, qui in montem sese receperant, rursus instare et proelium redintegrare coeperunt. 7. Romani [conversa] signa bipertito intulerunt : prima et secunda acies, ut victis ac submotis resisteret, tertia, ut venientes sustineret.

XXVI. 1. Ita ancipiti proelio diu atque acriter pugnatum est. Diutius cum sustinere nostrorum impetus non possent, alteri se, ut coeperant, in montem receperunt, alteri ad impedimenta et carros suos se contulerunt. 2. Nam hoc toto proelio, cum ab hora septima ad vesperum pugnatum sit, aversum hostem videre nemo potuit. 3. Ad multam noctem etiam ad impedimenta pugnatum est, propterea quod pro vallo carros obiecerunt et e loco superiore in nostros venientes tela coiciebant et non nulli inter carros rotasque mataras ac tragulas subiciebant nostrosque vulnerabant. 4. Diu cum esset pugnatum, impedimentis castrisque nostri potiti sunt. Ibi Orgetorigis filia atque unus e filiis captus est. 5. Ex eo proelio circiter hominum milia CXXX superfuerunt eaque tota nocte continenter ierunt [nullam partem noctis itinere intermisso] ; in fines Lingonum die quarto pervenerunt, cum et propter vulnera militum et propter sepulturam occisorum nostri [triduum morati] eos sequi non potuissent. 6. Caesar ad Lingonas litteras nuntiosque misit, ne eos frumento neve alia re iuvarent : qui si iuvissent, se eodem loco quo Helvetios habiturum. Ipse triduo intermisso cum omnibus copiis eos sequi coepit.

XXVII. 1. Helvetii omnium rerum inopia adducti legatos de deditione ad eum miserunt. 2. Qui cum eum in itinere convenissent seque ad pedes proiecissent suppliciterque locuti flentes pacem petissent, atque eos in eo loco quo tum essent suum adventum expectare iussisset, paruerunt. 3. Eo postquam Caesar pervenit, obsides, arma, servos qui ad eos perfugissent, poposcit. 4. Dum ea conquiruntur et conferuntur, [nocte intermissa] circiter hominum milia VI eius pagi qui Verbigenus appellatur, sive timore perterriti, ne armis traditis supplicio adficerentur, sive spe salutis inducti, quod in tanta multitudine dediticiorum suam fugam aut occultari aut omnino ignorari posse existimarent, prima nocte e castris Helvetiorum egressi ad Rhenum finesque Germanorum contenderunt.

XXVIII. 1. Quod ubi Caesar resciit, quorum per fines ierant his uti conquirerent et reducerent, si sibi purgati esse vellent, imperavit; reductos in hostium numero habuit; 2. reliquos omnes obsidibus, armis, perfugis traditis in deditionem accepit. 3. Helvetios, Tulingos, Latobrigos in fines suos, unde erant profecti, reverti iussit, et, quod omnibus frugibus amissis domi nihil erat quo famem tolerarent, Allobrogibus imperavit ut iis frumenti copiam facerent; ipsos oppida vicosque, quos incenderant, restituere iussit. Id ea maxime ratione fecit, quod noluit eum locum unde Helvetii discesserant vacare, ne propter bonitatem agrorum Germani, qui trans Rhenum incolunt, ex suis finibus in Helvetiorum fines transirent et finitimi Galliae provinciae Allobrogibusque essent. 4. Boios petentibus Haeduis, quod egregia virtute erant cogniti, ut in finibus suis conlocarent, concessit; quibus illi agros dederunt quosque postea in parem iuris libertatisque condicionem atque ipsi erant receperunt.

XXIX. 1. In castris Helvetiorum tabulae repertae sunt litteris Graecis confectae et ad Caesarem relatae, quibus in tabulis nominatim ratio confecta erat, qui numerus domo exisset eorum qui arma ferre possent, et item separatim, quot pueri, senes mulieresque. 2. [Quarum omnium rerum] summa erat capitum Helvetiorum milium CCLXIII, Tulingorum milium XXXVI, Latobrigorum XIIII, Rauracorum XXIII, Boiorum XXXII; ex his qui arma ferre possent ad milia nonaginta duo. 3. Summa omnium fuerunt ad milia CCCLXVIII. Eorum qui domum redierunt censu habito, ut Caesar imperaverat, repertus est numerus milium C et X.

XXX. 1. Bello Helvetiorum confecto totius fere Galliae legati, principes civitatum, ad Caesarem gratulatum convenerunt : 2. intellegere sese, tametsi pro veteribus Helvetiorum iniuriis populi Romani ab his poenas bello repetisset, tamen eam rem non minus ex usu [terrae] Galliae quam populi Romani accidisse, 3. propterea quod eo consilio florentissimis rebus domos suas Helvetii reliquissent uti toti Galliae bellum inferrent imperioque potirentur, locumque domicilio ex magna copia deligerent quem ex omni Gallia oportunissimum ac fructuosissimum iudicassent, reliquasque civitates stipendiarias haberent. 4. Petierunt uti sibi concilium totius Galliae in diem certam indicere idque Caesaris facere voluntate liceret : sese habere quasdam res quas ex communi consensu ab eo petere vellent. 5. Ea re permissa diem concilio constituerunt et iure iurando ne quis enuntiaret, nisi quibus communi consilio mandatum esset, inter se sanxerunt.

XXXI. 1. Eo concilio dimisso, idem princeps civitatum qui ante fuerant ad Caesarem reverterunt petieruntque uti sibi secreto in occulto de sua omniumque salute cum eo agere liceret. 2. Ea re impetrata sese omnes flentes Caesari ad pedes proiecerunt : non minus se id contendere et laborare ne ea quae dixissent enuntiarentur quam uti ea quae vellent impetrarent, propterea quod, si enuntiatum esset, summum in cruciatum se venturos viderent. 3. Locutus est pro his Diviciacus Haeduus : Galliae totius factiones esse duas ; harum alterius principatum tenere Haeduos, alterius Arvernos. 4. Hi cum tantopere de potentatu inter se multos annos contenderent, factum esse uti ab Arvernis Sequanisque Germani mercede arcesserentur. 5. Horum primo circiter milia XV Rhenum transisse ; postea quam agros et cultum et copias Gallorum homines feri ac barbari adamassent, traductos plures ; nunc esse in Gallia ad C et XX milium numerum. 6. Cum his Haeduos eorumque clientes semel atque iterum armis contendisse ; magnam calamitatem pulsos accepisse, omnem nobilitatem, omnem senatum, omnem equitatum amisisse. 7. Quibus proeliis calamitatibusque fractos, qui et sua virtute et populi Romani hospitio atque amicitia plurimum ante in Gallia potuissent, coactos esse Sequanis obsides dare nobilissimos civitatis et iure iurando civitatem obstringere sese neque obsides repetituros neque auxilium a populo Romano imploraturos neque recusaturos quo minus perpetuo sub illorum dicione atque imperio essent. 8. Unum se esse ex omni civitate Haeduorum qui adduci non potuerit ut iuraret aut liberos suos obsides daret. 9. Ob eam rem se ex civitate profugisse et Romam ad senatum venisse auxilium postulatum, quod solus neque iure iurando neque obsidibus teneretur. 10. Sed peius victoribus Sequanis quam Haeduis victis accidisse, propterea quod Ariovistus, rex Germanorum, in eorum finibus consedisset tertiamque partem agri Sequani, qui esset optimus totius Galliae, occupavisset et nunc de altera parte tertia Sequanos decedere iuberet, propterea quod paucis mensibus ante Harudum milia hominum

XXIIII ad eum venissent, quibus locus ac sedes pararentur. 11. Futurum esse paucis annis uti omnes ex Galliae finibus pellerentur atque omnes Germani Rhenum transirent ; neque enim conferendum esse Gallicum cum Germanorum agro neque hanc consuetudinem victus cum illa comparandam. 12. Ariovistum autem, ut semel Gallorum copias proelio vicerit, quod proelium factum sit ad Magetobrigam, superbe et crudeliter imperare, obsides nobilissimi cuiusque liberos poscere et in eos omnia exempla cruciatusque edere, si qua res non ad nutum aut ad voluntatem eius facta sit. 13. Hominem esse barbarum, iracundum, temerarium : non posse eius imperia, diutius sustineri. 14. Nisi quid in Caesare populoque Romano sit auxilii, omnibus Gallis idem esse faciendum quod Helvetii fecerint, ut domo emigrent, aliud domicilium, alias sedes, remotas a Germanis, petant fortunamque, quaecumque accidat, experiantur. Haec si enuntiata Ariovisto sint, non dubitare quin de omnibus obsidibus qui apud eum sint gravissimum supplicium sumat. 15. Caesarem vel auctoritate sua atque exercitus vel recenti victoria vel nomine populi Romani deterrere posse ne maior multitudo Germanorum Rhenum traducatur, Galliamque omnem ab Ariovisti iniuria posse defendere.

XXXII. 1. Hac oratione ab Diviciaco habita omnes qui aderant magno fletu auxilium a Caesare petere coeperunt. 2. Animadvertit Caesar unos ex omnibus Sequanos nihil earum rerum facere quas ceteri facerent sed tristes capite demisso terram intueri. Eius rei quae causa esset miratus ex ipsis quaesiit. 3. Nihil Sequani respondere, sed in eadem tristitia taciti permanere. Cum ab his saepius quaereret neque ullam omnino vocem exprimere posset, idem Diviacus Haeduus respondit : 4. hoc esse miseriorem et graviorem fortunam Sequanorum quam reliquorum, quod soli ne in occulto quidem queri neque auxilium implorare auderent absentisque Ariovisti crudelitatem, 5. velut si cora adesset, horrerent, propterea quod reliquis tamen fugae facultas daretur, Sequanis vero, qui intra fines suos Ariovistum recepissent, quorum oppida omnia in potestate eius essent, omnes cruciatus essent perferendi.

XXXIII. 1. His rebus cognitis Caesar Gallorum animos verbis confirmavit pollicitusque est sibi eam rem curae futuram ; magnam se habere spem et beneficio suo et auctoritate adductum Ariovistum finem iniuriis facturum. Hac oratione habita, concilium dimisit. 2. Et secundum ea multae res eum hortabantur quare sibi eam rem cogitandam et suscipiendam putaret, in primis quod Haeduos, fratres consanguineosque saepe numero a senatu appellatos, in servitute atque [in] dicione videbat Germanorum teneri eorumque obsides esse apud Ariovistum ac Sequanos intellegebat; quod in tanto imperio populi Romani turpissimum sibi et rei publicae esse arbitrabatur. 3. Paulatim autem Germanos consuescere Rhenum transire et in Galliam magnam eorum multitudinem venire populo Romano periculosum videbat, neque sibi homines feros ac barbaros temperaturos existimabat quin, cum omnem Galliam occupavissent, ut ante Cimbri Teutonique fecissent, in provinciam exirent atque inde in Italiam contenderent [, praesertim cum Sequanos a provincia nostra Rhodanus divideret]; quibus rebus quam maturrime occurrendum putabat. 4. Ipse autem Ariovistus tantos sibi spiritus, tantam arrogantiam sumpserat, ut ferendus non videretur.

XXXIV. 1. Quam ob rem placuit ei ut ad Ariovistum legatos mitteret, qui ab eo postularent uti aliquem locum medium utrisque conloquio deligeret : velle sese de re publica et summis utriusque rebus cum eo agere. 2. Ei legationi Ariovistus respondit : si quid ipsi a Caesare opus esset, sese ad eum venturum fuisse; si quid ille se velit, illum ad se venire oportere. 3. Praeterea se neque sine exercitu in eas partes Galliae venire audere quas Caesar possideret, neque exercitum sine magno commeatu atque molimento in unum locum contrahere posse. 4. Sibi autem mirum videri quid in sua Gallia, quam bello vicisset, aut Caesari aut omnino populo Romano negotii esset.

XXXV. 1. His responsis ad Caesarem relatis, iterum ad eum Caesar legatos cum his mandatis mittit : 2. quoniam tanto suo populique Romani beneficio adfectus, cum in consulatu suo rex atque amicus a senatu appellatus esset, hanc sibi populoque Romano gratiam referret ut in conloquium venire invitatus gravaretur neque de communi re dicendum sibi et cognoscendum putaret, haec esse quae ab eo postularet : 3. primum ne quam multitudinem hominum amplius trans Rhenum in Galliam traduceret; deinde obsides quos haberet ab Haeduis redderet Sequanisque permitteret ut quos illi haberent voluntate eius reddere illis liceret; neve Haeduos iniuria lacesseret neve his sociisque eorum bellum inferret. 4. Si [id] ita fecisset, sibi populoque Romano perpetuam gratiam atque amicitiam cum eo futuram ; si non impetraret, sese, quoniam M. Messala, M. Pisone consulibus senatus censuisset uti quicumque Galliam provinciam obtineret, quod commodo rei publicae lacere posset, Haeduos ceterosque amicos populi Romani defenderet, se Haeduorum iniurias non neglecturum.

XXXVI. 1. Ad haec Ariovistus respondit : ius esse belli ut qui vicissent iis quos vicissent quem ad modum vellent imperarent. Item populum Romanum victis non ad alterius praescriptum, sed ad suum arbitrium imperare consuesse. 2. Si ipse populo Romano non praescriberet quem ad modum suo iure uteretur, non oportere se a populo Romano in suo iure impediri. 3. Haeduos sibi, quoniam belli fortunam temptassent et armis congressi ac superati essent, stipendiarios esse factos. 4. Magnam Caesarem iniuriam facere, qui suo adventu vectigalia sibi deteriora faceret. 5. Haeduis se obsides redditurum non esse neque his neque eorum sociis iniuria bellum inlaturum, si in eo manerent quod convenisset stipendiumque quotannis penderent ; si id non fecissent, longe iis fraternum nomen populi Romani afuturum. 6. Quod sibi Caesar denuntiaret se Haeduorum iniurias non neglecturum, neminem secum sine sua pernicie contendisse. 7. Cum vellet, congrederetur : intellecturum quid invicti Germani, exercitatissimi in armis, qui inter annos XIIII tectum non subissent, virtute possent.

XXXVII. 1. Haec eodem tempore Caesari mandata referebantur et legati ab Haeduis et a Treveris veniebant : 2. Haedui questum quod Harudes, qui nuper in Galliam transportati essent, fines eorum popularentur : sese ne obsidibus quidem datis pacem Ariovisti redimere potuisse ; 3. Treveri autem, pagos centum Sueborum ad ripas Rheni consedisse, qui Rhemum transire conarentur ; his praeesse Nasuam et Cimberium fratres. Quibus rebus Caesar vehementer commotus maturandum sibi existimavit, ne, si nova manus Sueborum cum veteribus copiis Ariovisti sese coniunxisset, minus facile resisti posset. 4. Itaque re frumentaria quam celerrime potuit comparata magnis itineribus ad Ariovistum contendit.

XXXVIII. 1. Cum tridui viam processisset, nuntiatum est ei Ariovistum cum suis omnibus copiis ad occupandum Vesontionem, quod est oppidum maximum Sequanorum, contendere [triduique viam a suis finibus processisse]. Id ne accideret, magnopere sibi praecavendum Caesar existimabat. Namque omnium rerum quae ad bellum usui erant summa erat in eo oppido facultas, 2. idque natura loci sic muniebatur ut magnam ad ducendum bellum daret facultatem, propterea quod flumen [alduas] Dubis ut circino circumductum paene totum oppidum cingit, 3. reliquum spatium, quod est non amplius pedum MDC, qua flumen intermittit, mons continet magna altitudine, ita ut radices eius montis ex utraque parte ripae fluminis contingant, 4. hunc murus circumdatus arcem efficit et cum oppido coniungit. 5. Huc Caesar magnis nocturnis diurnisque itineribus contendit occupatoque oppido ibi praesidium conlocat.

XXXIX. 1. Dum paucos dies ad Vesontionem rei frumentariae commeatusque causa moratur, ex percontatione nostrorum vocibusque Gallorum ac mercatorum, qui ingenti magnitudine corporum Germanos, incredibili virtute atque exercitatione in armis esse praedicabant (saepe numero sese cum his congressos ne vultum quidem atque aciem oculorum dicebant ferre potuisse), tantus subito timor omnem exercitum occupavit ut non mediocriter omnium mentes animosque perturbaret. 2. Hic primum ortus est a tribunis militum, praefectis, reliquisque qui ex urbe amicitiae causa Caesarem secuti non magnum in re militari usum habebant : 3. quorum alius alia causa inlata, quam sibi ad proficiscendum necessariam esse diceret, petebat ut eius voluntate discedere liceret; non nulli pudore adducti, ut timoris suspicionem vitarent, remanebant. 4. Hi neque vultum fingere neque interdum lacrimas tenere poterant : abditi in tabernaculis aut suum fatum querebantur aut cum familiaribus suis commune periculum miserabantur. Vulgo totis castris testamenta obsignabantur. 5. Horum vocibus ac timore paulatim etiam ii qui magnum in castris usum habebant, milites centurionesque quique equitatui praeerant, perturbabantur. 6. Qui se ex his minus timidos existimari volebant, non se hostem vereri, sed angustias itineris et magnitudinem silvarum quae intercederent inter ipsos atque Ariovistum, aut rem frumentariam, ut satis commode supportari posset, timere dicebant. 7. Non nulli etiam Caesari nuntiabant, cum castra moveri ac signa ferri iussisset, non fore dicto audientes milites neque propter timorem signa laturos.

XL. 1. Haec cum animadvertisset, convocato consilio omniumque ordinum ad id consilium adhibitis centurionibus, vehementer eos incusavit : primum, quod aut quam in partem aut quo consilio ducerentur sibi quaerendum aut cogitandum putarent. 2. Ariovistum se consule cupidissime populi Romani amicitiam adpetisse; cur hunc tam temere quisquam ab officio discessurum iudicaret? 3. Sibi quidem persuaderi cognitis suis postulatis atque aequitate condicionum perspecta eum neque suam neque populi Romani gratiam repudiaturum. 4. Quod si furore atque amentia impulsum bellum intulisset, quid tandem vererentur? Aut cur de sua virtute aut de ipsius diligentia desperarent? 5. Factum eius hostis periculum patrum nostrorum memoria Cimbris et Teutonis a C. Mario pulsis [cum non minorem laudem exercitus quam ipse imperator meritus videbatur]; factum etiam nuper in Italia servili tumultu, quos tamen aliquid usus ac disciplina, quam a nobis accepissent, sublevarint. 6. Ex quo iudicari posse quantum haberet in se boni constantia, propterea quod quos aliquam diu inermes sine causa timuissent hos postea armatos ac victores superassent. 7. Denique hos esse eosdem Germanos quibuscum saepe numero Helvetii congressi non solum in suis sed etiam in illorum finibus plerumque superarint, qui tamen pares esse nostro exercitui non potuerint. 8. Si quos adversum proelium et fuga Gallorum commoveret, hos, si quaererent, reperire posse diuturnitate belli defatigatis Gallis Ariovistum, cum multos menses castris se ac paludibus tenuisset neque sui potestatem fecisset, desperantes iam de pugna et dispersos subito adortum magis ratione et consilio quam virtute vicisse. 9. Cui rationi contra homines barbaros atque imperitos locus fuisset, hac ne ipsum quidem sperare nostros exercitus capi posse. 10. Qui suum timorem in rei frumentariae simulationem angustiasque itineris conferrent, facere arroganter, cum aut de officio imperatoris desperare aut praescribere viderentur. 11. Haec sibi esse curae; frumentum Sequanos, Leucos, Lingones subministrare, iamque esse in agris frumenta matura; de itinere ipsos brevi tempore iudicaturos. 12. Quod non fore dicto audientes neque signa laturi dicantur, nihil se ea re commoveri : scire enim, quibuscumque exercitus dicto audiens non fuerit, aut male re gesta fortunam defuisse aut aliquo facinore comperto avaritiam esse convictam. 13. Suam innocentiam perpetua vita, felicitatem Helvetiorum bello esse perspectam. 14. Itaque se quod in longiorem diem conlaturus fuisset repraesentaturum et proxima nocte de quarta, vigilia castra moturum, ut quam primum intellegere posset utrum apud eos pudor atque officium an timor plus valeret. 15. Quod si praeterea nemo sequatur, tamen se cum sola decima legione iturum, de qua non dubitet, sibique eam praetoriam cohortem futuram. Huic legioni Caesar et indulserat praecipue et propter virtutem confidebat maxime.

XLI. 1. Hac oratione habita mirum in modum conversae sunt omnium mentes summaque alacritas et cupiditas belli gerendi innata est, 2. princepsque X. legio per tribunos militum ei gratias egit quod de se optimum iudicium fecisset, seque esse ad bellum gerendum paratissimam confirmavit. 3. Deinde reliquae legiones cum tribunis militum et primorum ordinum centurionibus egerunt uti Caesari satis facerent : se neque umquam dubitasse neque timuisse neque de summa belli suum iudicium sed imperatoris esse existimavisse. 4. Eorum satisfactione accepta et itinere exquisito per Diviciacum, quod ex Gallis ei maximam fidem habebat, ut milium amplius quinquaginta circuitu locis apertis exercitum duceret, de quarta vigilia, ut dixerat, profectus est. 5. Septimo die, cum iter non intermitteret, ab exploratoribus certior factus est Ariovisti copias a nostris milia passuum IIII et XX abesse.

XLII. 1. Cognito Caesaris adventu Ariovistus legatos ad eum mittit : quod antea de conloquio postulasset, id per se fieri licere, quoniam propius accessisset seque id sine periculo facere posse existimaret. 2. Non respuit condicionem Caesar iamque eum ad sanitatem reverti arbitrabatur, cum id quod antea petenti denegasset ultro polliceretur, 3. magnamque in spem veniebat pro suis tantis populique Romani in eum beneficiis cognitis suis postulatis fore uti pertinacia desisteret. 4. Dies conloquio dictus est ex eo die quintus. 5. Interim saepe cum legati ultro citroque inter eos mitterentur, Ariovistus postulavit ne quem peditem ad conloquium Caesar adduceret : vereri se ne per insidias ab eo circumveniretur; uterque cum equitatu veniret : alia ratione sese non esse venturum. 6. Caesar, quod neque conloquium interposita causa tolli volebat neque salutem suam Gallorum equitatui committere audebat, commodissimum esse statuit omnibus equis Gallis equitibus detractis eo legionarios milites legionis X., cui quam maxime confidebat, imponere, ut praesidium quam amicissimum, si quid opus facto esset, haberet. 7. Quod cum fieret, non inridicule quidam ex militibus X. legionis dixit : plus quam pollicitus esset Caesarem facere; pollicitum se in cohortis praetoriae loco X. legionem habiturum ad equum rescribere.

XLIII. 1. Planities erat magna et in ea tumulus terrenus satis grandis. Hic locus aequum fere spatium a castris Ariovisti et Caesaris aberat. Eo, ut erat dictum, ad conloquium venerunt. 2. Legionem Caesar, quam equis devexerat, passibus CC ab eo tumulo constituit. Item equites Ariovisti pari intervallo constiterunt. 3. Ariovistus ex equis ut conloquerentur et praeter se denos ad conloquium adducerent postulavit. 4. Ubi eo ventum est, Caesar initio orationis sua senatusque in eum beneficia commemoravit, quod rex appellatus esset a senatu, quod amicus, quod munera amplissime missa; quam rem et paucis contigisse et pro magnis hominum officiis consuesse tribui docebat; 5. illum, cum neque aditum neque causam postulandi iustam haberet, beneficio ac liberalitate sua ac senatus ea praemia consecutum. 6. Docebat etiam quam veteres quamque iustae causae necessitudinis ipsis cum Haeduis intercederent, 7. quae senatus consulta quotiens quamque honorifica in eos facta essent, ut omni tempore totius Galliae principatum Haedui tenuissent, prius etiam quam nostram amicitiam adpetissent. 8. Populi Romani hanc esse consuetudinem, ut socios atque amicos non modo sui nihil deperdere, sed gratia, dignitate, honore auctiores velit esse; quod vero ad amicitiam populi Romani attulissent, id iis eripi quis pati posset? 9. Postulavit deinde eadem quae legatis in mandatis dederat : ne aut Haeduis aut eorum sociis bellum inferret, obsides redderet, si nullam partem Germanorum domum remittere posset, at ne quos amplius Rhenum transire pateretur.

XLIV. 1. Ariovistus ad postulata Caesaris pauca respondit, de suis virtutibus multa praedicavit : 2. transisse Rhenum sese non sua sponte, sed rogatum et arcessitum a Gallis; non sine magna spe magnisque praemiis domum propinquosque reliquisse; sedes habere in Gallia ab ipsis concessas, obsides ipsorum voluntate datos; stipendium capere iure belli, quod victores victis imponere consuerint. 3. Non sese Gallis sed Gallos sibi bellum intulisse : omnes Galliae civitates ad se oppugnandum venisse ac contra se castra habuisse; eas omnes copias a se uno proelio pulsas ac superatas esse. 4. Si iterum experiri velint, se iterum paratum esse decertare; si pace uti velint, iniquum esse de stipendio recusare, quod sua voluntate ad id tempus pependerint. 5. Amicitiam populi Romani sibi ornamento et praesidio, non detrimento esse oportere, atque se hac spe petisse. Si per populum Romanum stipendium remittatur et dediticii subtrahantur, non minus libenter sese recusaturum populi Romani amicitiam quam adpetierit. 6. Quod multitudinem Germanorum in Galliam traducat, id se sui muniendi, non Galliae oppugnandae causa facere; eius rei testimonium esse quod nisi rogatus non venerit et quod bellum non intulerit sed defenderit. 7. Se prius in Galliam venisse quam populum Romanum. Numquam ante hoc tempus exercitum populi Romani Galliae provinciae finibus egressum. 8. Quid sibi vellet? Cur in suas possessiones veniret? Provinciam suam hanc esse Galliam, sicut illam nostram. Ut ipsi concedi non oporteret, si in nostros fines impetum faceret, sic item nos esse iniquos, quod in suo iure se interpellaremus. 9. Quod fratres a senatu Haeduos appellatos diceret, non se tam barbarum neque tam imperitum esse rerum ut non sciret neque bello Allobrogum proximo Haeduos Romanis auxilium tulisse neque ipsos in iis contentionibus quas Haedui secum et cum Sequanis habuissent auxilio populi Romani usos esse. 10. Debere se suspicari simulata Caesarem amicitia, quod exercitum in Gallia habeat, sui opprimendi causa habere. 11. Qui nisi decedat atque exercitum deducat ex his regionibus, sese illum non pro amico sed pro hoste habiturum. 12. Quod si eum interfecerit, multis sese nobilibus principibusque populi Romani gratum esse facturum (id se ab ipsis per eorum nuntios compertum habere), quorum omnium gratiam atque amicitiam eius morte redimere posset. 13. Quod si decessisset et liberam possessionem Galliae sibi tradidisset, magno se illum praemio remuneraturum et quaecumque bella geri vellet sine ullo eius labore et periculo confecturum.

XLV. 1. Multa a Caesare in eam sententiam dicta sunt quare negotio desistere non posset : neque suam neque populi Romani consuetudinem pati ut optime meritos socios desereret, neque se iudicare Galliam potius esse Ariovisti quam populi Romani. 2. Bello superatos esse Arvernos et Rutenos a Q. Fabio Maximo, quibus populus Romanus ignovisset neque in provinciam redegisset neque stipendium posuisset. 3. Quod si antiquissimum quodque tempus spectari oporteret, populi Romani iustissimum esse in Gallia imperium; si iudicium senatus observari oporteret, liberam debere esse Galliam, quam bello victam suis legibus uti voluisset.

XLVI. 1. Dum haec in conloquio geruntur, Caesari nuntiatum est equites Ariovisti propius tumulum accedere et ad nostros adequitare, lapides telaque in nostros coicere. 2. Caesar loquendi finem fecit seque ad suos recepit suisque imperavit ne quod omnino telum in hostes reicerent. 3. Nam etsi sine ullo periculo legionis delectae cum equitatu proelium fore videbat, tamen committendum non putabat ut, pulsis hostibus, dici posset eos ab se per fidem in conloquio circumventos. 4. Postea quam in vulgus militum elatum est qua arrogantia in conloquio Ariovistus usus omni Gallia Romanis interdixisset, impetumque in nostros eius equites fecissent, eaque res conloquium ut diremisset, multo maior alacritas studiumque pugnandi maius exercitui iniectum est.

XLVII. 1. Biduo post Ariovistus ad Caesarem legatos misit : velle se de iis rebus quae inter eos egi coeptae neque perfectae essent agere cum eo : uti aut iterum conloquio diem constitueret aut, si id minus vellet, ex suis legatis aliquem ad se mitteret. 2. Conloquendi Caesari causa visa non est, et eo magis quod pridie eius diei Germani retineri non potuerant quin tela in nostros coicerent. 3. Legatum ex suis sese magno cum periculo ad eum missurum et hominibus feris obiecturum existimabat. 4. Commodissimum visum est C. Valerium Procillum, C. Valerii Caburi filium, summa virtute et humanitate adulescentem, cuius pater a C. Valerio Flacco civitate donatus erat, et propter fidem et propter linguae Gallicae scientiam, qua multa iam Ariovistus longinqua consuetudine utebatur, et quod in eo peccandi Germanis causa non esset, ad eum mittere, et una M. Metium, qui hospitio Ariovisti utebatur. 5. His mandavit quae diceret Ariovistus cognoscerent et ad se referrent. Quos cum apud se in castris Ariovistus conspexisset, exercitu suo praesente conclamavit : quid ad se venirent? an speculandi causa? Conantes dicere prohibuit et in catenas coniecit.

XLVIII. 1. Eodem die castra promovit et milibus passuum VI a Caesaris castris sub monte consedit. 2. Postridie eius diei praeter castra Caesaris suas copias traduxit et milibus passuum duobus ultra eum castra fecit eo consilio uti frumento commeatuque qui ex Sequanis et Haeduis supportaretur Caesarem intercluderet. 3. Ex eo die dies continuos V Caesar pro castris suas copias produxit et aciem instructam habuit, ut, si vellet Ariovistus proelio contendere, ei potestas non deesset. 4. Ariovistus his omnibus diebus exercitum castris continuit, equestri proelio cotidie contendit. Genus hoc erat pugnae, quo se Germani exercuerant : 5. equitum milia erant VI, totidem numero pedites velocissimi ac fortissimi, quos ex omni copia singuli singulos suae salutis causa delegerant : 6. cum his in proeliis versabantur, ad eos se equites recipiebant; hi, si quid erat durius, concurrebant, si qui graviore vulnere accepto equo deciderat, circumsistebant; 7. si quo erat longius prodeundum aut celerius recipiendum, tanta erat horum exercitatione celeritas ut iubis sublevati equorum cursum adaequarent.

XLIX. 1. Ubi eum castris se tenere Caesar intellexit, ne diutius commeatu prohiberetur, ultra eum locum, quo in loco Germani consederant, circiter passus DC ab his, castris idoneum locum delegit acieque triplici instructa ad eum locum venit. 2. Primam et secundam aciem in armis esse, tertiam castra munire iussit. 3. [Hic locus ab hoste circiter passus DC, uti dictum est, aberat.] Eo circiter hominum XVI milia expedita cum omni equitatu Ariovistus misit, quae copiae nostros terrerent et munitione prohiberent. 4. Nihilo setius Caesar, ut ante constituerat, duas acies hostem propulsare, tertiam opus perficere iussit. Munitis castris duas ibi legiones reliquit et partem auxiliorum, quattuor reliquas legiones in castra maiora reduxit.

L. 1. Proximo die instituto suo Caesar ex castris utrisque copias suas eduxit paulumque a maioribus castris progressus aciem instruxit hostibusque pugnandi potestatem fecit. 2. Ubi ne tum quidem eos prodire intellexit, circiter meridiem exercitum in castra reduxit. Tum demum Ariovistus partem suarum copiarum, quae castra minora oppugnaret, misit. Acriter utrimque usque ad vesperum pugnatum est. Solis occasu suas copias Ariovistus multis et inlatis et acceptis vulneribus in castra reduxit. 3. Cum ex captivis quaereret

Caesar quam ob rem Ariovistus proelio non decertaret, hanc reperiebat causam, quod apud Germanos ea consuetudo esset ut matres familiae eorum sortibus et vaticinationibus declararent utrum proelium committi ex usu esset necne ; eas ita dicere : 4. non esse fas Germanos superare, si ante novam lunam proelio contendissent.

LI. 1. Postridie eius diei Caesar praesidio utrisque castris quod satis esse visum est reliquit, alarios omnes in conspectu hostium pro castris minoribus constituit, quod minus multitudine militum legionariorum pro hostium numero valebat, ut ad speciem alariis uteretur ; ipse triplici instructa acie usque ad castra hostium accessit. 2. Tum demum necessario Germani suas copias castris eduxerunt generatimque constituerunt paribus intervallis, Harudes, Marcomanos, Tribocos, Vangiones, Nemetes, Sedusios, Suebos, omnemque aciem suam raedis et carris circumdederunt, ne qua spes in fuga relinqueretur. 3. Eo mulieres imposuerunt, quae ad proelium proficiscentes milites passis manibus flentes implorabant ne se in servitutem Romanis traderent.

LII. 1. Caesar singulis legionibus singulos legatos et quaestorem praefecit, uti eos testes suae quisque virtutis haberet ; 2. ipse a dextro cornu, quod eam partem minime firmam hostium esse animadverterat, proelium commisit. 3. Ita nostri acriter in hostes signo dato impetum fecerunt itaque hostes repente celeriterque procurrerunt, ut spatium pila in hostes coiciendi non daretur. 4. Relictis pilis comminus gladiis pugnatum est. At Germani celeriter ex consuetudine sua phalange facta impetus gladiorum exceperunt. 5. Reperti sunt complures nostri qui in phalanga insilirent et scuta manibus revellerent et desuper vulnerarent. 6. Cum hostium acies a sinistro cornu pulsa atque in fugam coniecta esset, a dextro cornu vehementer multitudine suorum nostram aciem premebant. 7. Id cum animadvertisset P. Crassus adulescens, qui equitatui praeerat, quod expeditior erat quam ii qui inter aciem versabantur, tertiam aciem laborantibus nostris subsidio misit.

LIII. 1. Ita proelium restitutum est, atque omnes hostes terga verterunt nec prius fugere destiterunt quam ad flumen Rhenum milia passuum ex eo loco circiter L pervenerunt. 2. Ibi perpauci aut viribus confisi tranare contenderunt aut lintribus inventis sibi salutem reppererunt. 3. In his fuit Ariovistus, qui naviculam deligatam ad ripam nactus ea profugit; reliquos omnes consecuti equites nostri interfecerunt. 4. Duae fuerunt Ariovisti uxores, una Sueba natione, quam domo secum eduxerat, altera Norica, regis Voccionis soror, quam in Gallia duxerat a fratre missam : utraque in ea fuga periit; duae filiae : harum altera occisa, altera capta est. 5. C. Valerius Procillus, cum a custodibus in fuga trinis catenis vinctus traheretur, in ipsum Caesarem hostes equitatu insequentem incidit. 6. Quae quidem res Caesari non minorem quam ipsa victoria voluptatem attulit, quod hominem honestissimum provinciae Galliae, suum familiarem et hospitem, ereptum ex manibus hostium sibi restitutum videbat neque eius calamitate de tanta voluptate et gratulatione quicquam fortuna deminuerat. 7. Is se praesente de se ter sortibus consultum dicebat, utrum igni statim necaretur an in aliud tempus reservaretur : sortium beneficio se esse incolumem. 8. Item M. Metius repertus et ad eum reductus est.

LIV. 1. Hoc proelio trans Rhenum nuntiato, Suebi, qui ad ripas Rheni venerant, domum reverti coeperunt; quos ubi qui proximi Rhenum incolunt perterritos senserunt, insecuti magnum ex iis numerum occiderunt. 2. Caesar una aestate duobus maximis bellis confectis maturius paulo quam tempus anni postulabat in hiberna in Sequanos exercitum deduxit; hibernis Labienum praeposuit; 3. ipse in citeriorem Galliam ad conventus agendos profectus est.

Commentarius Secundus

I. 1. Cum esset Caesar in citeriore Gallia [in hibernis], ita uti supra demonstravimus, crebri ad eum rumores adferebantur litterisque item Labieni certior fiebat omnes Belgas, quam tertiam esse Galliae partem dixeramus, contra populum Romanum coniurare obsidesque inter se dare. 2. Coniurandi has esse causas : primum quod vererentur ne, omni pacata Gallia, ad eos exercitus noster adduceretur ; 3. deinde quod ab non nullis Gallis sollicitarentur, partim qui, ut Germanos diutius in Gallia versari noluerant, ita populi Romani exercitum hiemare atque inveterascere in Gallia moleste ferebant, partim qui mobilitate et levitate animi novis imperiis studebant ; 4. ab non nullis etiam quod in Gallia a potentioribus atque iis qui ad conducendos homines facultates habebant vulgo regna occupabantur ; qui minus facile eam rem imperio nostro consequi poterant.

II. 1. His nuntiis litterisque commotus Caesar duas legiones in citeriore Gallia novas conscripsit et inita aestate in ulteriorem Galliam qui deduceret Q. Pedium legatum misit. 2. Ipse, cum primum pabuli copia esse inciperet, ad exercitum venit. 3. Dat negotium Senonibus reliquisque Gallis qui finitimi Belgis erant uti ea quae apud eos gerantur cognoscant seque de his rebus certiorem faciant. 4. Hi constanter omnes nuntiaverunt manus cogi, exercitum in unum locum conduci. Tum vero dubitandum non existimavit quin ad eos proficisceretur. Re frumentaria provisa castra movet diebusque circiter XV ad fines Belgarum pervenit.

III. 1. Eo cum de improviso celeriusque omnium opinione venisset, Remi, qui proximi Galliae ex Belgis sunt, ad eum legatos Iccium et Andebrogium, primos civitatis, miserunt, 2. qui dicerent se suaque omnia in fidem atque potestatem populi Romani permittere, neque se cum reliquis Belgis consensisse neque contra populum Romanum coniurasse, 3. paratosque esse et obsides dare et imperata facere et oppidis recipere et frumento ceterisque rebus iuvare; 4. reliquos omnes Belgas in armis esse, Germanosque qui cis Rhenum incolant sese cum his coniunxisse, 5. tantumque esse eorum omnium furorem ut ne Suessiones quidem, fratres consanguineosque suos, qui eodem iure et isdem legibus utantur, unum imperium unumque magistratum cum ipsis habeant, deterrere potuerint quin cum iis consentirent.

IV. 1. Cum ab iis quaereret quae civitates quantaeque in armis essent et quid in bello possent, sic reperiebat : plerosque Belgas esse ortos a Germanis Rhenumque antiquitus traductos propter loci fertilitatem ibi consedisse Gallosque qui ea loca incolerent expulisse, solosque esse qui, 2. patrum nostrorum memoria omni Gallia vexata, Teutonos Cimbrosque intra suos fines ingredi prohibuerint; 3. qua ex re fieri uti earum rerum memoria magnam sibi auctoritatem magnosque spiritus in re militari sumerent. 4. De numero eorum omnia se habere explorata Remi dicebant, propterea quod propinquitatibus adfinitatibus quo coniuncti quantam quisque multitudinem in communi Belgarum concilio ad id bellum pollicitus sit cognoverint. 5. Plurimum inter eos Bellovacos et virtute et auctoritate et hominum numero valere : hos posse conficere armata milia centum, pollicitos ex eo numero electa milia LX totiusque belli imperium sibi postulare. 6. Suessiones suos esse finitimos; fines latissimos feracissimosque agros possidere. 7. Apud eos fuisse regem nostra etiam memoria Diviciacum, totius Galliae potentissimum, qui cum magnae partis harum regionum, tum etiam Britanniae imperium obtinuerit; nunc esse regem Galbam : ad hunc propter iustitiam prudentiamque summam totius belli omnium voluntate deferri; oppida habere numero XII, polliceri milia armata L; totidem Nervios, 8. qui maxime feri inter ipsos habeantur longissimeque absint; 9. XV milia Atrebates, Ambianos X milia, Morinos XXV milia, Menapios VII milia, Caletos X milia, Veliocasses et Viromanduos totidem, Atuatucos XVIIII milia; 10. Condrusos, Eburones, Caerosos,

Paemanos, qui uno nomine Germani appellantur, arbitrari ad XL milia.

V. 1. Caesar Remos cohortatus liberaliterque oratione prosecutus omnem senatum ad se convenire principumque liberos obsides ad se adduci iussit. Quae omnia ab his diligenter ad diem facta sunt. 2. Ipse Diviciacum Haeduum magnopere cohortatus docet quanto opere rei publicae communisque salutis intersit manus hostium distineri, ne cum tanta multitudine uno tempore confligendum sit. 3. Id fieri posse, si suas copias Haedui in fines Bellovacorum introduxerint et eorum agros populari coeperint. 4. His datis mandatis eum a se dimittit. Postquam omnes Belgarum copias in unum locum coactas ad se venire vidit neque iam longe abesse ab iis quos miserat exploratoribus et ab Remis cognovit, flumen Axonam, quod est in extremis Remorum finibus, exercitum traducere maturavit atque ibi castra posuit. 5. Quae res et latus unum castrorum ripis fluminis muniebat et post eum quae erant tuta ab hostibus reddebat et commeatus ab Remis reliquisque civitatibus ut sine periculo ad eum portari possent efficiebat. 6. In eo flumine pons erat. Ibi praesidium ponit et in altera parte fluminis Q. Titurium Sabinum legatum cum sex cohortibus relinquit; castra in altitudinem pedum XII vallo fossaque duodeviginti pedum muniri iubet.

VI. 1. Ab his castris oppidum Remorum nomine Bibrax aberat milia passuum VIII. Id ex itinere magno impetu Belgae oppugnare coeperunt. Aegre eo die sustentatum est. 2. Gallorum eadem atque Belgarum oppugnatio est haec : ubi circumiecta multitudine hominum totis moenibus undique in murum lapides iaci coepti sunt murusque defensoribus nudatus est, testudine facta portas succedunt murumque subruunt. Quod tum facile fiebat. 3. Nam cum tanta multitudo lapides ac tela †coicerent†, in muro consistendi potestas erat nulli. 4. Cum finem oppugnandi nox fecisset, Iccius Remus, summa nobilitate et gratia inter suos, qui tum oppido praeerat, unus ex iis qui legati de pace ad Caesarem venerant, nuntium ad eum mittit, nisi subsidium sibi submittatur, sese diutius sustinere non posse.

VII. 1. Eo de media nocte Caesar isdem ducibus usus qui nuntii ab Iccio venerant, Numidas et Cretas sagittarios et funditores Baleares subsidio oppidanis mittit; 2. quorum adventu et Remis cum spe defensionis studium propugnandi accessit et hostibus eadem de causa spes potiundi oppidi discessit. 3. Itaque paulisper apud oppidum morati agrosque Remorum depopulati, omnibus vicis aedificiisque quo adire potuerant incensis, ad castra Caesaris omnibus copiis contenderunt et a milibus passuum minus duobus castra posuerunt; 4. quae castra, ut fumo atque ignibus significabatur, amplius milibus passuum VIII latitudinem patebant.

VIII. 1. Caesar primo et propter multitudinem hostium et propter eximiam opinionem virtutis proelio supersedere statuit; 2. cotidie tamen equestribus proeliis quid hostis virtute posset et quid nostri auderent periclitabatur. 3. Ubi nostros non esse inferiores intellexit, loco pro castris ad aciem instruendam natura oportuno atque idoneo, quod is collis ubi castra posita erant paululum ex planitie editus tantum adversus in latitudinem patebat quantum loci acies instructa occupare poterat, atque ex utraque parte lateris deiectus habebat et in fronte leniter fastigatus paulatim ad planitiem redibat, ab utroque latere eius collis transversam fossam obduxit circiter passuum CCCC 4. et ad extremas fossas castella constituit ibique tormenta conlocavit, ne, cum aciem instruxisset, hostes, quod tantum multitudine poterant, ab lateribus pugnantes suos circumvenire possent. 5. Hoc facto, duabus legionibus quas proxime conscripserat in castris relictis ut, si quo opus esset, subsidio duci possent, reliquas VI legiones pro castris in acie constituit. Hostes item suas copias ex castris eductas instruxerunt.

IX. 1. Palus erat non magna inter nostrum atque hostium exercitum. Hanc si nostri transirent hostes expectabant; nostri autem, si ab illis initium transeundi fieret, ut impeditos adgrederentur parati in armis erant. 2. Interim proelio equestri inter duas acies contendebatur. Ubi neutri transeundi initium faciunt, secundiore equitum proelio nostris Caesar suos in castra reduxit. 3. Hostes protinus ex eo loco ad flumen Axonam contenderunt, quod esse post nostra castra demonstratum est. 4. Ibi vadis repertis partem suarum copiarum traducere conati sunt eo consilio ut, si possent, castellum, cui praeerat Q. Titurius legatus, expugnarent pontemque interscinderent, 5. si minus potuissent, agros Remorum popularentur, qui magno nobis usui ad bellum gerendum erant, commeatuque nostros prohiberent.

X. 1. Caesar certior factus ab Titurio onlnem equitatum et levis armaturae Numidas, funditores sagittariosque pontem traducit atque ad eos contendit. Acriter in eo loco pugnatum est. 2. Hostes impeditos nostri in flumine adgressi magnum eorum numerum occiderunt; 3. per eorum corpora reliquos audacissime transire conantes multitudine telorum reppulerunt primosque, qui transierant, equitatu circumventos interfecerunt. 4. Hostes, ubi et de expugnando oppido et de flumine transeundo spem se fefellisse intellexerunt neque nostros in locum iniquiorum progredi pugnandi causa viderunt atque ipsos res frumentaria deficere coepit, concilio convocato constituerunt optimum esse domum suam quemque reverti, et quorum in fines primum Romani exercitum introduxissent, ad eos defendendos undique convenirent, ut potius in suis quam in alienis finibus decertarent et domesticis copiis rei frumentariae uterentur. 5. Ad eam sententiam cum reliquis causis haec quoque ratio eos deduxit, quod Diviciacum atque Haeduos finibus Bellovacorum adpropinquare cognoverant. His persuaderi ut diutius morarentur neque suis auxilium terrent non poterat.

XI. 1. Ea re constituta, secunda vigilia magno cum, strepitu ac tumultu castris egressi nullo certo ordine neque imperio, cum sibi quisque primum itineris locum peteret et domum pervenire properaret, fecerunt ut consimilis fugae profectio videretur. 2. Hac re statim Caesar per speculatores cognita insidias veritus, quod qua de causa discederent nondum perspexerat, exercitum equitatumque castris continuit. 3. Prima luce, confirmata re ab exploratoribus, omnem equitatum, qui novissimum agmen moraretur, praemisit. His Q. Pedium et L. Aurunculeium Cottam legatos praefecit; T. Labienum legatum cum legionibus tribus subsequi iussit. 4. Hi novissimos adorti et multa milia passuum prosecuti magnam multitudinem eorum fugientium conciderunt, cum ab extremo agmine, ad quos ventum erat, consisterent fortiterque impetum nostrorum militum sustinerent, 5. priores, quod abesse a periculo viderentur neque ulla necessitate neque imperio continerentur, exaudito clamore perturbatis ordinibus omnes in fuga sibi praesidium ponerent. 6. Ita sine ullo periculo tantam eorum multitudinem nostri interfecerunt quantum fuit diei spatium; sub occasum solis sequi destiterunt seque in castra, ut erat imperatum, receperunt.

XII. 1. Postridie eius diei Caesar, prius quam se hostes ex terrore ac fuga reciperent, in fines Suessionum, qui proximi Remis erant, exercitum duxit et magno itinere [confecto] ad oppidum Noviodunum contendit. 2. Id ex itinere oppugnare conatus, quod vacuum ab defensoribus esse audiebat, propter latitudinem fossae murique altitudinem paucis defendentibus expugnare non potuit. 3. Castris munitis vineas agere quaeque ad oppugnandum usui erant comparare coepit. 4. Interim omnis ex fuga Suessionum multitudo in oppidum proxima nocte convenit. 5. Celeriter vineis ad oppidum actis, aggere iacto turribusque constitutis, magnitudine operum, quae neque viderant ante Galli neque audierant, et celeritate Romanorum permoti legatos ad Caesarem de deditione mittunt et petentibus Remis ut conservarentur impetrant. 6. Caesar, obsidibus acceptis primis civitatis atque ipsius Galbae regis duobus filiis armisque omnibus ex oppido traditis, in deditionem Suessiones accipit exercitumque in Bellovacos ducit. 7. Qui cum se suaque omnia in oppidum Bratuspantium contulissent atque ab eo oppido Caesar cum exercitu circiter milia passuum V abesset, omnes maiores natu ex oppido egressi manus ad Caesarem tendere et voce significare coeperunt sese in eius fidem ac potestatem venire neque contra populum Romanum armis contendere. 8. Item, cum ad oppidum accessisset castraque ibi poneret, pueri mulieresque ex muro passis mallibus suo more pacem ab Romanis petierunt.

XIII. 1. Pro his Diviciacus (nam post discessum Belgarum dimissis Haeduorum copiis ad Cum reverterat) facit verba : 2. Bellovacos omni tempore in fide atque amicitia civitatis Haeduae fuisse; 3. impulsos ab suis principibus, qui dicerent Haeduos a Caesare in servitutem redacto. omnes indignitates contumeliasque perferre, et ab Haeduis defecisse et populo Romano bellum intulisse. 4. Qui eius consilii principes fuissent, quod intellegerent quantam calamitatem civitati intulissent, in Britanniam profugisse. 5. Petere non solum Bellovacos, sed etiam pro his Haeduos, ut sua clementia ac mansuetudine in eos utatur. 6. Quod si fecerit, Haeduorum auctoritatem apud omnes Belgas amplificaturum, quorum auxiliis atque opibus, si qua bella inciderint, sustentare consuerint.

XIV. 1. Caesar honoris Diviciaci atque Haeduorum causa sese eos in fidem recepturum et conservaturum dixit, et quod erat civitas magna inter Belgas auctoritate atque hominum multitudine praestabat, DC obsides poposcit. 2. His traditis omnibusque armis ex oppido conlatis, ab eo loco in fines Ambianorum pervenit ; qui se suaque omnia sine mora dediderunt. 3. Eorum fines Nervii attingebant. Quorum de natura moribusque Caesar cum quaereret, sic reperiebat : 4. nullum esse aditum ad eos mercatoribus ; nihil pati vini reliquarumque rerum ad luxuriam pertinentium inferri, quod his rebus relanguescere animos eorum et remitti virtutem existimarent ; 5. esse homines feros magnaeque virtutis ; increpitare atque incusare reliquos Belgas, qui se populo Romano dedidissent patriamque virtutem proiecissent ; 6. confirmare sese neque legatos missuros neque ullam condicionem pacis accepturos.

XV. 1. Cum per eorum fines triduum iter fecisset, inveniebat ex captivis Sabim flumen a castris suis non amplius milibus passuum X abesse ; 2. trans id flumen omnes Nervios consedisse adventumque ibi Romanorum expectare una cum Atrebatibus et Viromanduis, finitimis suis 3. (nam his utrisque persuaserant uti eandem belli fortunam experirentur) ; 4. expectari etiam ab iis Atuatucorum copias atque esse in itinere ; 5. mulieres quique per aetatem ad pugnam inutiles viderentur in eum locum coniecisse quo propter paludes exercitui aditus non esset.

XVI. 1. His rebus cognitis, exploratores centurionesque praemittit qui locum castris idoneum deligant. 2. Cum ex dediticiis Belgis reliquisque Gallis complures Caesarem secuti una iter facerent, quidam ex his, ut postea ex captivis cognitum est, eorum dierum consuetudine itineris nostri exercitus perspecta, nocte ad Nervios pervenerunt atque his demonstrarunt inter singulas legiones impedimentorum magnum numerum intercedere, neque esse quicquam negotii, cum prima legio in castra venisset reliquaeque legiones magnum spatium abessent, hanc sub sarcinis adoriri ; 3. qua pulsa impedimentisque direptis, futurum ut reliquae contra consistere non auderent. 4. Adiuvabat etiam eorum consilium qui rem deferebant quod Nervii antiquitus, cum equitatu nihil possent (neque enim ad hoc tempus ei rei student, sed quicquid possunt, pedestribus valent copiis), quo facilius finitimorum equitatum, si praedandi causa ad eos venissent, impedirent, teneris arboribus incisis atque inflexis crebrisque in latitudinem ramis enatis [et] rubis sentibusque interiectis effecerant ut instar muri hae saepes munimentum praeberent, quo non modo non intrari sed ne perspici quidem posset. 5. His rebus cum iter agminis nostri impediretur, non omittendum sibi consilium Nervii existimaverunt.

XVII. 1. Loci natura erat haec, quem locum nostri castris delegerant. Collis ab summo aequaliter declivis ad flumen Sabim, quod supra nominavimus, vergebat. 2. Ab eo flumine pari acclivitate collis nascebatur adversus huic et contrarius, passus circiter CC infimus apertus, ab superiore parte silvestris, ut non facile introrsus perspici posset. 3. Intra eas silvas hostes in occulto sese continebant; in aperto loco secundum flumen paucae stationes equitum videbantur. Fluminis erat altitudo pedum circiter trium.

XVIII. 1. Caesar equitatu praemisso subsequebatur omnibus copiis; sed ratio ordoque agminis aliter se habebat ac Belgae ad Nervios detulerant. 2. Nam quod hostibus adpropinquabat, consuetudine sua Caesar VI legiones expeditas ducebat; 3. post eas totius exercitus impedimenta conlocarat; inde duae legiones quae proxime conscriptae erant totum agmen claudebant praesidioque impedimentis erant. 4. Equites nostri cum funditoribus sagittariisque flumen transgressi cum hostium equitatu proelium commiserunt. 5. Cum se illi identidem in silvis ad suos reciperent ac rursus ex silva in nostros impetum facerent, neque nostri longius quam quem ad finem porrecta [ac] loca aperta pertinebant cedentes insequi auderent, interim legiones VI quae primae venerant, opere dimenso, castra munire coeperunt. 6. Ubi prima impedimenta nostri exercitus ab iis qui in silvis abditi latebant visa sunt, quod tempus inter eos committendi proelii convenerat, ut intra silvas aciem ordinesque constituerant atque ipsi sese confirmaverant, subito omnibus copiis provolaverunt impetumque in nostros equites fecerunt. 7. His facile pulsis ac proturbatis, incredibili celeritate ad flumen decucurrerunt, ut paene uno tempore et ad silvas et in flumine [et iam in manibus nostris] hostes viderentur. 8. Eadem autem celeritate adverso colle ad nostra castra atque eos qui in opere occupati erant contenderunt.

XIX. 1. Caesari omnia uno tempore erant agenda : vexillum proponendum, quod erat insigne, cum ad arma concurri oporteret; signum tuba dandum; ab opere revocandi milites; qui paulo longius aggeris petendi causa processerant arcessendi; acies instruenda; milites cohortandi; signum dandum. Quarum rerum magnam partem temporis brevitas et incursus hostium impediebat. 2. His difficultatibus duae res erant subsidio, scientia atque usus militum, quod superioribus proeliis exercitati quid fieri oporteret non minus commode ipsi sibi praescribere quam ab aliis doceri poterant, et quod ab opere singulisque legionibus singulos legatos Caesar discedere nisi munitis castris vetuerat. 3. Hi propter propinquitatem et celeritatem hostium nihil iam Caesaris imperium expectabant, sed per se quae videbantur administrabant.

XX. 1. Caesar, necessariis rebus imperatis, ad cohortandos milites, quam [in] partem fors obtulit, decucurrit et ad legionem decimam devenit. 2. Milites non longiore oratione cohortatus quam uti suae pristinae virtutis memoriam retinerent neu perturbarentur animo hostiumque impetum fortiter sustinerent, 3. quod non longius hostes aberant quam quo telum adigi posset, proelii committendi signum dedit. 4. Atque in alteram item cohortandi causa profectus pugnantibus occurrit. 5. Temporis tanta fuit exiguitas hostiumque tam paratus ad dimicandum animus ut non modo ad insignia accommodanda sed etiam ad galeas induendas scutisque tegimenta detrahenda tempus defuerit. 6. Quam quisque ab opere in partem casu devenit quaeque prima signa conspexit, ad haec constitit, ne in quaerendis suis pugnandi tempus dimitteret.

XXI. 1. Instructo exercitu magis ut loci natura [delectusque collis] et necessitas temporis quam ut rei militaris ratio atque ordo postulabat, cum diversae legiones aliae alia in parte hostibus resisterent saepibusque densissimis, ut ante demonstravimus, interiectis prospectus impediretur, neque certa subsidia conlocari neque quid in quaque parte opus esset providi neque ab uno omnia imperia administrari poterant. 2. Itaque in tanta rerum iniquitate fortunae quoque eventus varii sequebantur.

XXII. 1. Legionis VIIII. et X. milites, ut in sinistra parte aciei constiterant, pilis emissis cursu ac lassitudine exanimatos vulneribusque confectos Atrebates (nam his ea pars obvenerat) celeriter ex loco superiore in flumen compulerunt et transire conantes insecuti gladiis magnam partem eorum impeditam interfecerunt. 2. Ipsi transire flumen non dubitaverunt et in locum iniquum progressi rursus resistentes hostes redintegrato proelio in fugam coniecerunt. 3. Item alia in parte diversae duae legiones, XI. et VIII., profligatis Viromanduis, quibuscum erant congressae, ex loco superiore in ipsis fluminis ripis proeliabantur. 4. At totis fere castris a fronte et a sinistra parte nudatis, cum in dextro cornu legio XII. et non magno ab ea intervallo VII. constitisset, omnes Nervii confertissimo agmine duce Boduognato, qui summam imperii tenebat, ad eum locum contenderunt; quorum pars ab aperto latere legiones circumvenire, pars summum castrorum locum petere coepit.

XXIII. 1. Eodem tempore equites nostri levisque armaturae pedites, qui cum iis una fuerant, quos primo hostium impetu pulsos dixeram, cum se in castra reciperent, adversis hostibus occurrebant ac rursus aliam in partem fugam petebant; 2. et calones, qui ab decumana porta ac summo iugo collis nostros victores flumen transire conspexerant, praedandi causa egressi, cum respexissent et hostes in nostris castris versari vidissent, praecipites fugae sese mandabant. 3. Simul eorum qui cum impedimentis veniebant clamor fremitusque oriebatur, aliique aliam in partem perterriti ferebantur. 4. Quibus omnibus rebus permoti equites Treveri, quorum inter Gallos virtutis opinio est singularis, qui auxilii causa a civitate missi ad Caesarem venerant, cum multitudine hostium castra [nostra] compleri, legiones premi et paene circumventas teneri, calones, equites, funditores, Numidas diversos dissipatosque in omnes partes fugere vidissent, desperatis nostris rebus domum contenderunt : 5. Romanos pulsos superatosque, castris impedimentisque eorum hostes potitos civitati renuntiaverunt.

XXIV. 1. Caesar ab X. legionis cohortatione ad dextrum cornu profectus, ubi suos urgeri signisque in unum locum conlatis XII. legionis confertos milites sibi ipsos ad pugnam esse impedimento vidit, quartae cohortis omnibus centurionibus occisis signiferoque interfecto, signo amisso, reliquarum cohortium omnibus fere centurionibus aut vulneratis aut occisis, in his primipilo P. Sextio Baculo, fortissimo viro, multis gravibusque vulneribus confecto, ut iam se sustinere non posset, reliquos esse tardiores et non nullos ab novissimis deserto loco proelio excedere ac tela vitare, hostes neque a fronte ex inferiore loco subeuntes intermittere et ab utroque latere instare et rem esse in angusto vidit, neque ullum esse subsidium quod submitti posset, 2. scuto ab novissimis [uni] militi detracto, quod ipse eo sine scuto venerat, in primam aciem processit centurionibusque nominatim appellatis reliquos cohortatus milites signa inferre et manipulos laxare iussit, quo facilius gladiis uti possent. 3. Cuius adventu spe inlata militibus ac redintegrato animo, cum pro se quisque in conspectu imperatoris etiam in extremis suis rebus operam navare cuperet, paulum hostium impetus tardatus est.

XXV. 1. Caesar, cum VII. legionem, quae iuxta constiterat, item urgeri ab hoste vidisset, tribunos militum monuit ut paulatim sese legiones coniungerent et conversa signa in hostes inferrent. 2. Quo facto cum aliis alii subsidium ferrent neque timerent ne aversi ab hoste circumvenirentur, audacius resistere ac fortius pugnare coeperunt. 3. Interim milites legionum duarum quae in novissimo agmine praesidio impedimentis fuerant, proelio nuntiato, cursu incitato in summo colle ab hostibus conspiciebantur, 4. et T. Labienus castris hostium potitus et ex loco superiore quae res in nostris castris gererentur conspicatus X. legionem subsidio nostris misit. 5. Qui cum ex equitum et calonum fuga quo in loco res esset quantoque in periculo et castra et legiones et imperator versaretur cognovissent, nihil ad celeritatem sibi reliqui fecerunt.

XXVI. 1. Horum adventu tanta rerum commutatio est facta ut nostri, etiam qui vulneribus confecti procubuissent, scutis innixi proelium redintegrarent, calones perterritos hostes conspicati etiam inermes armatis occurrerent, 2. equites vero, ut turpitudinem fugae virtute delerent, omnibus in locis pugnae se legionariis militibus praeferrent. 3. At hostes, etiam in extrema spe salutis, tantam virtutem praestiterunt ut, cum primi eorum cecidissent, proximi iacentibus insisterent atque ex eorum corporibus pugnarent, 4. his deiectis et coacervatis cadaveribus qui superessent ut ex tumulo tela in nostros coicerent et pila intercepta remitterent : 5. ut non nequiquam tantae virtutis homines iudicari deberet ausos esse transire latissimum flumen, ascendere altissimas ripas, subire iniquissimum locum; quae facilia ex difficillimis animi magnitudo redegerat.

XXVII. 1. Hoc proelio facto et prope ad internecionem gente ac nomine Nerviorum redacto, maiores natu, quos una cum pueris mulieribusque in aestuaria ac paludes coniectos dixeramus, hac pugna nuntiata, cum victoribus nihil impeditum, victis nihil tutum arbitrarentur, 2. omnium qui supererant consensu legatos ad Caesarem miserunt seque ei dediderunt; et in commemoranda civitatis calamitate ex DC ad tres senatores, ex hominum milibus LX vix ad D, qui arma ferre possent, sese redactos esse dixerunt. 3. Quos Caesar, ut in miseros ac supplices usus misericordia videretur, diligentissime conservavit suisque finibus atque oppidis uti iussit et finitimis imperavit ut ab iniuria et maleficio se suosque prohiberent.

XXVIII. 1. Atuatuci, de quibus supra diximus, cum omnibus copiis auxilio Nerviis venirent, hac pugna nuntiata ex itinere domum reverterunt; 2. cunctis oppidis castellisque desertis sua omnia in unum oppidum egregie natura munitum contulerunt. 3. Quod cum ex omnibus in circuitu partibus altissimas rupes deiectusque haberet, una ex parte leniter acclivis aditus in latitudinem non amplius pedum CC relinquebatur; quem locum duplici altissimo muro munierant; tum magni ponderis saxa et praeacutas trabes in muro conlocabant. 4. Ipsi erant ex Cimbris Teutonisque prognati, qui, cum iter in provinciam nostram atque Italiam; facerent, iis impedimentis quae secum agere ac portare non poterant citra flumen Rhenum depositis custodiae [ex suis] ac praesidio VI milia hominum una reliquerant. 5. Hi post eorum obitum multos annos a finitimis exagitati, cum alias bellum inferrent, alias inlatum defenderent, consensu eorum omnium pace facta hunc sibi domicilio locum delegerant.

XXIX. 1. Ac primo adventu exercitus nostri crebras ex oppido excursiones faciebant parvulisque proeliis cum nostris contendebant; 2. postea vallo pedum XII in circuitu †XV† milium crebrisque castellis circummuniti oppido sese continebant. 3. Ubi vineis actis aggere extructo turrim procul constitui viderunt, primum inridere ex muro atque increpitare vocibus, quod tanta machinatio a tanto spatio institueretur : 4. quibusnam mallibus aut quibus viribus praesertim homines tantulae staturae (nam plerumque omnibus Gallis prae magnitudine corporum quorum brevitas nostra contemptui est) tanti oneris turrim in muro sese posse conlocare confiderent?

XXX. 1. Ubi vero moveri et adpropinquare muris viderunt, nova atque inusitata specie commoti legatos ad Caesarem de pace miserunt, qui ad hunc modum locuti, 2. non se existimare Romanos sine ope divina bellum gerere, qui tantae altitudinis machinationes tanta celeritate promovere possent, 3. se suaque omnia eorum potestati permittere dixerunt. 4. Unum petere ac deprecari : si forte pro sua clementia ac mansuetudine, quam ipsi ab aliis audirent, statuisset Atuatucos esse conservandos, ne se armis despoliaret. 5. Sibi omnes fere finitimos esse inimicos ac suae virtuti invidere; a quibus se defelldere traditis armis non possent. 6. Sibi praestare, si in eum casum deducerentur, quamvis fortunam a populo Romano pati quam ab his per cruciatum interfici inter quos dominari consuessent.

XXXI. 1. Ad haec Caesar respondit : se magis consuetudine sua quam merito eorum civitatem conservaturum, si prius quam murum aries attigisset se dedidissent; 2. sed deditionis nullam esse condicionem nisi armis traditis. Se id quod in Nerviis fecisset facturum finitimisque imperaturum ne quam dediticiis populi Romani iniuriam inferrent. 3. Re renuntiata ad suos illi se quae imperarentur facere dixerunt. 4. Armorum magna multitudine de muro in fossam, quae erat ante oppidum, iacta, sic ut prope summam muri aggerisque altitudinem acervi armorum adaequarent, et tamen circiter parte tertia, ut postea perspectum est, celata atque in oppido retenta, portis patefactis eo die pace sunt usi.

XXXII. 1. Sub vesperum Caesar portas claudi militesque ex oppido exire iussit, ne quam noctu oppidani a militibus iniuriam acciperent. 2. Illi ante inito, ut intellectum est, consilio, quod deditione facta nostros praesidia deducturos aut denique indiligentius servaturos crediderant, partim cum iis quae retinuerant et celaverant armis, partim scutis ex cortice factis aut viminibus intextis, quae subito, ut temporis exiguitas postulabat, pellibus induxerant, tertia vigilia, qua minime arduus ad nostras munitiones accensus videbatur, omnibus copiis repente ex oppido eruptionem fecerunt. 3. Celeriter, ut ante Caesar imperaverat, ignibus significatione facta, ex proximis castellis eo concursum est, 4. pugnatumque ab hostibus ita acriter est ut a viris fortibus in extrema spe salutis iniquo loco contra eos qui ex vallo turribusque tela iacerent pugnari debuit, cum in una virtute omnis spes consisteret. 5. Occisis ad hominum milibus IIII reliqui in oppidum reiecti sunt. 6. Postridie eius diei refractis portis, cum iam defenderet nemo, atque intromissis militibus nostris, sectionem eius oppidi universa Caesar vendidit. 7. Ab iis qui emerant capitum numerus ad eum relatus est milium LIII.

XXXIII. 1. Eodem tempore a P. Crasso, quem cum legione una miserat ad Venetos, Venellos, Osismos, Coriosolitas, Esuvios, Aulercos, Redones, quae sunt maritimae civitates Oceanumque attingunt, certior factus est omnes eas civitates in dicionem potestatemque populi Romani esse redactas.

XXXIV. 1. His rebus gestis omni Gallia pacata, tanta huius belli ad barbaros opinio perlata est uti ab iis nationibus quae trans Rhenum incolerent legationes ad Caesarem mitterentur, quae se obsides daturas, imperata facturas pollicerentur. 2. Quas legationes Caesar, quod in Italiam Illyricumque properabat, inita proxima aestate ad se reverti iussit. 3. Ipse in Carnutes, Andes, Turonos quaeque civitates propinquae iis locis erant ubi bellum gesserat, legionibus in hiberna deductis, in Italiam profectus est. 4. Ob easque res ex litteris Caesaris dierum XV supplicatio decreta est, quod ante id tempus accidit nulli.

Commentarius Tertius

I. 1. Cum in Italiam proficisceretur Caesar, Ser. Galbam cum legione XII. et parte equitatus in Nantuates, Veragros Sedunosque misit, qui a finibus Allobrogum et lacu Lemanno et flumine Rhodano ad summas Alpes pertinent. 2. Causa mittendi fuit quod iter per Alpes, quo magno cum periculo magnisque cum portoriis mercatores ire consuerant, patefieri volebat. 3. Huic permisit, si opus esse arbitraretur, uti in his locis legionem hiemandi causa conlocaret. 4. Galba secundis aliquot proeliis factis castellisque compluribus eorum expugnatis, missis ad eum undique legatis obsidibusque datis et pace facta, constituit cohortes duas in Nantuatibus conlocare et ipse cum reliquis eius legionis cohortibus in vico Veragrorum, qui appellatur Octodurus hiemare; 5. qui vicus positus in valle non magna adiecta planitie altissimis montibus undique continetur. 6. Cum hic in duas partes flumine divideretur, alteram partem eius vici Gallis [ad hiemandum] concessit, alteram vacuam ab his relictam cohortibus attribuit. Eum locum vallo fossaque munivit.

II. 1. Cum dies hibernorum complures transissent frumentumque eo comportari iussisset, subito per exploratores certior factus est ex ea parte vici, quam Gallis concesserat, omnes noctu discessisse montesque qui impenderent a maxima multitudine Sedunorum et Veragrorum teneri. 2. Id aliquot de causis acciderat, ut subito Galli belli renovandi legionisque opprimendae consilium caperent: 3. primum, quod legionem neque eam plenissimam detractis cohortibus duabus et compluribus singillatim, qui commeatus petendi causa missi erant, absentibus propter paucitatem despiciebant; 4. tum etiam, quod propter iniquitatem loci, cum ipsi ex montibus in vallem decurrerent et tela coicerent, ne primum quidem impetum suum posse sustineri existimabant. 5. Accedebat quod suos ab se liberos abstractos obsidum nomine dolebant, et Romanos non solum itinerum causa sed etiam perpetuae possessionis culmina Alpium occupare conari et ea loca finitimae provinciae adiungere sibi persuasum habebant.

III. 1. His nuntiis acceptis Galba, cum neque opus hibernorum munitionesque plene essent perfectae neque de frumento reliquoque commeatu satis esset provisum quod deditione facta obsidibusque acceptis nihil de bello timendum existimaverat, consilio celeriter convocato sententias exquirere coepit. 2. Quo in consilio, cum tantum repentini periculi praeter opinionem accidisset ac iam omnia fere superiora loca multitudine armatorum completa conspicerentur neque subsidio veniri neque commeatus supportari interclusis itineribus possent, 3. prope iam desperata salute non nullae eius modi sententiae dicebantur, ut impedimentis relictis eruptione facta isdem itineribus quibus eo pervenissent ad salutem contenderent. 4. Maiori tamen parti placuit, hoc reservato ad extremum casum consilio interim rei eventum experiri et castra defendere.

IV. 1. Brevi spatio interiecto, vix ut iis rebus quas constituissent conlocandis atque administrandis tempus daretur, hostes ex omnibus partibus signo dato decurrere, lapides gaesaque in vallum coicere. 2. Nostri primo integris viribus fortiter propugnare neque ullum flustra telum ex loco superiore mittere, et quaecumque pars castrorum nudata defensoribus premi videbatur, eo occurrere et auxilium ferre, 3. sed hoc superari quod diuturnitate pugnae hostes defessi proelio excedebant, alii integris viribus succedebant; 4. quarum rerum a nostris propter paucitatem fieri nihil poterat, ac non modo defesso ex pugna excedendi, sed ne saucio quidem eius loci ubi constiterat relinquendi ac sui recipiendi facultas dabatur.

V. 1. Cum iam amplius horis sex continenter pugnaretur, ac non solum vires sed etiam tela nostros deficerent, atque hostes acrius instarent languidioribusque nostris vallum scindere et fossas complere coepissent, resque esset iam ad extremum perducta casum, 2. P. Sextius Baculus, primi pili centurio, quem Nervico proelio compluribus confectum vulneribus diximus, et item C. Volusenus, tribunus militum, vir et consilii magni et virtutis, ad Galbam accurrunt atque unam esse spem salutis docent, si eruptione facta extremum auxilium experirentur. 3. Itaque convocatis centurionibus celeriter milites certiores facit, paulisper intermitterent proelium ac tantum modo tela missa exciperent seque ex labore reficerent, post dato signo ex castris erumperent, atque omnem spem salutis in virtute ponerent.

VI. 1. Quod iussi sunt faciunt, ac subito omnibus portis eruptione facta neque cognoscendi quid fieret neque sui colligendi hostibus facultatem relinquunt. 2. Ita commutata fortuna eos qui in spem potiundorum castrorum venerant undique circumventos intercipiunt, et ex hominum milibus amplius XXX, quem numerum barbarorum ad castra venisse constabat, plus tertia parte interfecta reliquos perterritos in fugam coiciunt ac ne in locis quidem superioribus consistere patiuntur. 3. Sic omnibus hostium copiis fusis armisque exutis se intra munitiones suas recipiunt. 4. Quo proelio facto, quod saepius fortunam temptare Galba nolebat atque alio se in hiberna consilio venisse meminerat, aliis occurrisse rebus videbat, maxime frumenti [commeatusque] inopia permotus postero die omnibus eius vici aedificiis incensis in provinciam reverti contendit, 5. ac nullo hoste prohibente aut iter demorante incolumem legionem in Nantuates, inde in Allobroges perduxit ibique hiemavit.

VII. 1. His rebus gestis cum omnibus de causis Caesar pacatam Galliam existimaret, [superatis Belgis, expulsis Germanis, victis in Alpibus Sedunis,] atque ita inita hieme in Illyricum profectus esset, quod eas quoque nationes adire et regiones cognoscere volebat, subitum bellum in Gallia coortum est. 2. Eius belli haec fuit causa. P. Crassus adulescens cum legione VII. proximus mare Oceanum in Andibus hiemabat. 3. Is, quod in his locis inopia frumenti erat, praefectos tribunosque militum complures in finitimas civitates frumenti causa dimisit; 4. quo in numero est T. Terrasidius missus in Esuvios, M. Trebius Gallus in Coriosolites, Q. Velanius eum T. Silio in Venetos.

VIII. 1. Huius est civitatis longe amplissima auctoritas omnis orae maritimae regionum earum, quod et naves habent Veneti plurimas, quibus in Britanniam navigare consuerunt, et scientia atque usu rerum nauticarum ceteros antecedunt et in magno impetu maris atque aperto paucis portibus interiectis, quos tenent ipsi, omnes fere qui eo mari uti consuerunt habent vectigales. 2. Ab his fit initium retinendi Silii atque Velanii, quod per eos suos se obsides, quos Crasso dedissent, recuperaturos existimabant. 3. Horum auctoritate finitimi adducti, ut sunt Gallorum subita et repentina consilia, eadem de causa Trebium Terrasidiumque retinent et celeriter missis legatis per suos principes inter se coniurant nihil nisi communi consilio acturos eundemque omnes fortunae exitum esse laturos, 4. reliquasque civitates sollicitant, ut in ea libertate quam a maioribus acceperint permanere quam Romanorum servitutem perferre malint. 5. Omni ora maritima celeriter ad suam sententiam perducta communem legationem ad P. Crassum mittunt, si velit suos recuperare, obsides sibi remittat.

IX. 1. Quibus de rebus Caesar a Crasso certior factus, quod ipse aberat longius, naves interim longas aedificari in flumine Ligeri, quod influit in Oceanum, remiges ex provincia institui, nautas gubernatoresque comparari iubet. 2. His rebus celeriter administratis ipse, cum primum per anni tempus potuit, ad exercitum contendit. 3. Veneti reliquaeque item civitates cognito Caesaris adventu [certiores facti], simul quod quantum in se facinus admisissent intellegebant, [legatos, quod nomen ad omnes nationes sanctum inviolatumque semper fuisset, retentos ab se et in vincula coniectos,] pro magnitudine periculi bellum parare et maxime ea quae ad usum navium pertinent providere instituunt, hoc maiore spe quod multum natura loci confidebant. 4. Pedestria esse itinera concisa aestuariis, navigationem impeditam propter inscientiam locorum paucitatemque portuum sciebant, 5. neque nostros exercitus propter inopiam frumenti diutius apud se morari posse confidebant; 6. ac iam ut omnia contra opinionem acciderent, tamen se plurimum navibus posse, [quam] Romanos neque ullam facultatem habere navium, neque eorum locorum ubi bellum gesturi essent vada, portus, insulas novisse; 7. ac longe aliam esse navigationem in concluso mari atque in vastissimo atque apertissimo Oceano perspiciebant. 8. His initis consiliis oppida muniunt, 9. frumenta ex agris in oppida comportant, naves in Venetiam, ubi Caesarem primum bellum gesturum 10. constabat, quam plurimas possunt cogunt. Socios sibi ad id bellum Osismos, Lexovios, Namnetes, Ambiliatos, Morinos, Diablintes, Menapios adsciscunt; auxilia ex Britannia, quae contra eas regiones posita est, arcessunt.

X. 1. Erant hae difficultates belli gerendi quas supra ostendimus, sed tamen multa Caesarem ad id bellum incitabant : 2. iniuria retentorum equitum Romanorum, rebellio facta post deditionem, defectio datis obsidibus, tot civitatum coniuratio, in primis ne hac parte neglecta reliquae nationes sibi idem licere arbitrarentur. 3. Itaque cum intellegeret omnes fere Gallos novis rebus studere et ad bellum mobiliter celeriterque excitari, omnes autem homines natura libertati studere et condicionem servitutis odisse, prius quam plures civitates conspirarent, partiendum sibi ac latius distribuendum exercitum putavit.

XI. 1. Itaque T. Labienum legatum in Treveros, qui proximi flumini Rheno sunt, cum equitatu mittit. 2. Huic mandat, Remos reliquosque Belgas adeat atque in officio contineat Germanosque, qui auxilio a Belgis arcessiti dicebantur, si per vim navibus flumen transire conentur, prohibeat. 3. P. Crassum cum cohortibus legionariis XII et magno numero equitatus in Aquitaniam proficisci iubet, ne ex his nationibus auxilia in Galliam mittantur ac tantae nationes coniungantur. 4. Q. Titurium Sabinum legatum cum legionibus tribus in Venellos, Coriosolites Lexoviosque mittit, qui eam manum distinendam curet. 5. D. Brutum adulescentem classi Gallicisque navibus, quas ex Pictonibus et Santonis reliquisque pacatis regionibus convenire iusserat, praeficit et, cum primum possit, in Venetos proficisci iubet. Ipse eo pedestribus copiis contendit.

XII. 1. Erant eius modi fere situs oppidorum ut posita in extremis lingulis promunturiisque neque pedibus aditum haberent, cum ex alto se aestus incitavisset, quod [bis] accidit semper horarum XII spatio, neque navibus, quod rursus minuente aestu naves in vadis adflictarentur. 2. Ita utraque re oppidorum oppugnatio impediebatur. 3. Ac si quando magnitudine operis forte superati, extruso mari aggere ac molibus atque his oppidi moenibus adaequatis, suis fortunis desperare coeperant, magno numero navium adpulso, cuius rei summam facultatem habebant, omnia sua deportabant seque in proxima oppida recipiebant : 4. ibi se rursus isdem oportunitatibus loci defendebant. 5. Haec eo facilius magnam partem aestatis faciebant quod nostrae naves tempestatibus detinebantur summaque erat vasto atque aperto mari, magnis aestibus, raris ac prope nullis portibus difficultas navigandi.

XIII. 1. Namque ipsorum naves ad hunc modum factae armataeque erant : carinae aliquanto planiores quam nostrarum navium, quo facilius vada ac decessum aestus excipere possent ; 2. prorae admodum erectae atque item puppes, ad magnitudinem fluctuum tempestatumque accommodatae ; 3. naves totae factae ex robore ad quamvis vim et contumeliam perferendam ; 4. transtra ex pedalibus in altitudinem trabibus, confixa clavis ferreis digiti pollicis crassitudine ; 5. ancorae pro funibus ferreis catenis revinctae ; 6. pelles pro velis alutaeque tenuiter confectae, [hae] sive propter inopiam lini atque eius usus inscientiam, sive eo, quod est magis veri simile, quod tantas tempestates Oceani tantosque impetus ventorum sustineri ac tanta onera navium regi velis non satis commode posse arbitrabantur. 7. Cum his navibus nostrae classi eius modi congressus erat ut una celeritate et pulsu remorum praestaret, reliqua pro loci natura, pro vi tempestatum illis essent aptiora et accommodatiora. 8. Neque enim iis nostrae rostro nocere poterant (tanta in iis erat firmitudo), neque propter altitudinem facile telum adigebatur, et eadem de causa minus commode copulis continebantur. 9. Accedebat ut, cum [saevire ventus coepisset et] se vento dedissent, et tempestatem ferrent facilius et in vadis consisterent tutius et ab aestu relictae nihil saxa et cotes timerent ; quarum rerum omnium nostris navibus casus erat extimescendus.

XIV. 1. Compluribus expugnatis oppidis Caesar, ubi intellexit frustra tantum laborem sumi neque hostium fugam captis oppidis reprimi neque iis noceri posse, statuit expectandam classem. 2. Quae ubi convenit ac primum ab hostibus visa est, circiter CCXX naves eorum paratissimae atque omni genere armorum ornatissimae profectae ex portu nostris adversae constiterunt ; 3. neque satis Bruto, qui classi praeerat, vel tribunis militum centurionibusque, quibus singulae naves erant attributae, constabat quid agerent aut quam rationem pugnae insisterent. 4. Rostro enim noceri non posse cognoverant ; turribus autem excitatis tamen has altitudo puppium ex barbaris navibus superabat, ut neque ex inferiore loco satis commode tela adigi possent et missa a Gallis gravius acciderent. 5. Una erat magno usui res praeparata a nostris, falces praeacutae insertae adfixaeque longuriis, non absimili forma muralium falcium. 6. His cum funes qui antemnas ad malos destinabant comprehensi adductique erant, navigio remis incitato praerumpebantur. 7. Quibus abscisis antemnae necessario concidebant, ut, cum omnis Gallicis navibus spes in velis armamentisque consisteret, his ereptis omnis usus navium uno tempore eriperetur. 8. Reliquum erat certamen positum in virtute, qua nostri milites facile superabant, atque eo magis quod in conspectu Caesaris atque omnis exercitus res gerebatur, ut nullum paulo fortius factum latere posset; 9. omnes enim colles ac loca superiora, unde erat propinquus despectus in mare, ab exercitu tenebantur. 10. Deiectis, ut diximus, antemnis, cum singulas binae ac ternae naves circumsteterant, milites summa vi transcendere in hostium naves contendebant. 11. Quod postquam barbari fieri animadverterunt, expugnatis compluribus navibus, cum ei rei nullum reperiretur auxilium, fuga salutem petere contenderunt. 12. Ac iam conversis in eam partem navibus quo ventus ferebat, tanta subito malacia ac tranquillitas extitit ut se ex loco movere non possent. 13. Quae quidem res ad negotium conficiendum maximae fuit oportunitati : 14. nam singulas nostri consectati expugnaverunt, ut perpaucae ex omni numero noctis interventu ad terram per venirent, cum ab hora fere IIII usque ad solis occasum pugnaretur.

XV. 1. Quo proelio bellum Venetorum totiusque orae maritimae confectum est. 2. Nam cum omnis iuventus, omnes etiam gravioris aetatis in quibus aliquid consilii aut dignitatis fuit eo convenerant, tum navium quod ubique fuerat in unum locum coegerant; 3. quibus amissis reliqui neque quo se reciperent neque quem ad modum oppida defenderent habebant. 4. Itaque se suaque omnia Caesari dediderunt. In quos eo gravius Caesar vindicandum statuit quo diligentius in reliquum tempus a barbaris ius legatorum conservaretur. Itaque omni senatu necato reliquos sub corona vendidit. 5. Dum haec in Venetis geruntur, Q. Titurius Sabinus cum iis copiis quas a Caesare acceperat in fines Venellorum pervenit. 6. His praeerat Viridovix ac summam imperii tenebat earum omnium civitatum quae defecerant, ex quibus exercitum [magnasque copias] coegerat; 7. atque his paucis diebus Aulerci Eburovices Lexoviique, senatu suo interfecto quod auctores belli esse nolebant, portas clauserunt seque cum Viridovice coniunxerunt; 8. magnaque praeterea multitudo undique ex Gallia perditorum hominum latronumque convenerat, quos spes praedandi studiumque bellandi ab agri cultura et cotidiano labore revocabat. 9. Sabinus idoneo omnibus rebus loco castris sese tenebat, cum Viridovix contra eum duorum milium spatio consedisset cotidieque productis copiis pugnandi potestatem faceret, ut iam non solum hostibus in contemptionem Sabinus veniret, sed etiam nostrorum militum vocibus non nihil carperetur; 10. tantamque opinionem timoris praebuit ut iam ad vallum castrorum hostes accedere auderent. 11. Id ea de causa faciebat quod cum tanta multitudine hostium, praesertim eo absente qui summam imperii teneret, nisi aequo loco aut oportunitate aliqua data legato dimicandum non existimabat.

XVI. 1. Hac confirmata opinione timoris idoneum quendam hominem et callidum deligit, Gallum, ex iis quos auxilii causa secum habebat. 2. Huic magnis praemiis pollicitationibusque persuadet uti ad hostes transeat, et quid fieri velit edocet. 3. Qui ubi pro perfuga ad eos venit, timorem Romanorum proponit, quibus angustiis ipse Caesar a Venetis prematur docet, 4. neque longius abesse quin proxima nocte Sabinus clam ex castris exercitum educat et ad Caesarem auxilii ferendi causa proficiscatur. 5. Quod ubi auditum est, conclamant omnes occasionem negotii bene gerendi amittendam non esse : 6. ad castra iri oportere. Multae res ad hoc consilium Gallos hortabantur : superiorum dierum Sabini cunctatio, perfugae confirmatio, inopia cibariorum, cui rei parum diligenter ab iis erat provisum, spes Venetici belli, et quod fere libenter homines id quod volunt credunt. 7. His rebus adducti non prius Viridovicem reliquosque duces ex concilio dimittunt quam ab iis sit concessum arma uti capiant et ad castra contendant. 8. Qua re concessa laeti, ut explorata victoria, sarmentis virgultisque collectis, quibus fossas Romanorum compleant, ad castra pergunt.

XVII. 1. Locus erat castrorum editus et paulatim ab imo acclivis circiter passus mille. Huc magno cursu contenderunt, ut quam minimum spatii ad se colligendos armandosque Romanis daretur, exanimatique pervenerunt. 2. Sabinus suos hortatus cupientibus signum dat. Impeditis hostibus propter ea quae ferebant onera subito duabus portis eruptionem fieri iubet. 3. Factum est oportunitate loci, hostium inscientia ac defatigatione, virtute militum et superiorum pugnarum exercitatione, ut ne unum quidem nostrorum impetum ferrent ac statim terga verterent. 4. Quos impeditos integris viribus milites nostri consecuti magnum numerum eorum occiderunt; reliquos equites consectati paucos, qui ex fuga evaserant, reliquerunt. 5. Sic uno tempore et de navali pugna Sabinus et de Sabini victoria Caesar est certior factus, civitatesque omnes se statim Titurio dediderunt. 6. Nam ut ad bella suscipienda Gallorum alacer ac promptus est animus, sic mollis ac minime resistens ad calamitates ferendas mens eorum est.

XVIII. 1. Eodem fere tempore P. Crassus., cum in Aquitaniam pervenisset, quae [pars], ut ante dictum est, [et regionum latitudine et multitudine hominum] tertia pars Galliae est [aestimanda], cum intellegeret in iis locis sibi bellum gerendum ubi paucis ante annis L. Valerius Praeconinus legatus exercitu pulso interfectus esset atque unde L. Manlius proconsul impedimentis amissis profugisset, non mediocrem sibi diligentiam adhibendam intellegebat. 2. Itaque re frumentaria provisa, auxiliis equitatuque comparato, multis praeterea viris fortibus Tolosa et Carcasone et Narbone, quae sunt civitates Galliae provinciae finitimae, ex his regionibus nominatim evocatis, in Sotiatium fines exercitum introduxit. 3. Cuius adventu cognito Sotiates magnis copiis coactis, equitatuque, quo plurimum valebant, in itinere agmen nostrum adorti primum equestre proelium commiserunt, 4. deinde equitatu suo pulso atque insequentibus nostris subito pedestres copias, quas in convalle in insidiis conlocaverant, ostenderunt. Hi nostros disiectos adorti proelium renovarunt.

XIX. 1. Pugnatum est diu atque acriter, cum Sotiates superioribus victoriis freti in sua virtute totius Aquitaniae salutem positam putarent, nostri autem quid sine imperatore et sine reliquis legionibus adulescentulo duce efficere possent perspici cuperent; tandem confecti vulneribus hostes terga verterunt. 2. Quorum magno numero interfecto Crassus ex itinere oppidum Sotiatium oppugnare coepit. Quibus fortiter resistentibus vineas turresque egit. 3. Illi alias eruptione temptata, alias cuniculis ad aggerem vineasque actis (cuius rei sunt longe peritissimi Aquitani, propterea quod multis locis apud eos aerariae secturaeque sunt), ubi diligentia nostrorum nihil his rebus profici posse intellexerunt, legatos ad Crassum mittunt seque in deditionem ut recipiat petunt. Qua re impetrata arma tradere iussi faciunt.

XX. 1. Atque in eam rem omnium nostrorum intentis animis alia ex parte oppidi Adiatunnus, qui summam imperii tenebat, cum DC devotis, quos illi soldurios appellant, 2. quorum haec est condicio, ut omnibus in vita commodis una cum iis fruantur quorum se amicitiae dediderint, si quid his per vim accidat, aut eundem casum una ferant aut sibi mortem consciscant; 3. neque adhuc hominum memoria repertus est quisquam qui, eo interfecto cuius se amicitiae devovisset, mortem recusaret— 4. cum his Adiatunnus eruptionem facere conatus clamore ab ea parte munitionis sublato cum ad arma milites concurrissent vehementerque ibi pugnatum esset, repulsus in oppidum tamen uti eadem deditionis condicione uteretur a Crasso impetravit.

XXI. 1. Armis obsidibusque acceptis, Crassus in fines Vocatium et Tarusatium profectus est. 2. Tum vero barbari commoti, quod oppidum et natura loci et manu munitum paucis diebus quibus eo ventum erat expugnatum cognoverant, legatos quoque versus dimittere, coniurare, obsides inter se dare, copias parare coeperunt. 3. Mittuntur etiam ad eas civitates legati quae sunt citerioris Hispaniae finitimae Aquitaniae : inde auxilia ducesque arcessuntur. 4. Quorum adventu magna cum auctoritate et magna [cum] hominum multitudine bellum gerere conantur. 5. Duces vero ii deliguntur qui una cum Q. Sertorio omnes annos fuerant summamque scientiam rei militaris habere existimabantur. 6. Hi consuetudine populi Romani loca capere, castra munire, commeatibus nostros intercludere instituunt. 7. Quod ubi Crassus animadvertit, suas copias propter exiguitatem non facile diduci, hostem et vagari et vias obsidere et castris satis praesidii relinquere, ob eam causam minus commode frumentum commeatumque sibi supportari, in dies hostium numerum augeri, non cunctandum existimavit quin pugna decertaret. 8. Hac re ad consilium delata, ubi omnes idem sentire intellexit, posterum diem pugnae constituit.

XXII. 1. Prima luce productis omnibus copiis duplici acie instituta, auxiliis in mediam aciem coniectis, quid hostes consilii caperent expectabat. 2. Illi, etsi propter multitudinem et veterem belli gloriam paucitatemque nostrorum se tuto dimicaturos existimabant, tamen tutius esse arbitrabantur obsessis viis commeatu intercluso sine vulnere victoria potiri, 3. et si propter inopiam rei frumentariae Romani se recipere coepissent, impeditos in agmine et sub sarcinis infirmiores animo adoriri cogitabant. 4. Hoc consilio probato ab ducibus, productis Romanorum copiis, sese castris tenebant. 5. Hac re perspecta Crassus, cum sua cunctatione atque opinione timoris hostes nostros milites alacriores ad pugnandum effecissent atque omnium voces audirentur expectari diutius non oportere quin ad castra iretur, cohortatus suos omnibus cupientibus ad hostium castra contendit.

XXIII. 1. Ibi cum alii fossas complerent, alii multis telis coniectis defensores vallo munitionibusque depellerent, auxiliaresque, quibus ad pugnam non multum Crassus confidebat, lapidibus telisque subministrandis et ad aggerem caespitibus comportandis speciem atque opinionem pugnantium praeberent, cum item ab hostibus constanter ac non timide pugnaretur telaque ex loco superiore missa non frustra acciderent, 2. equites circumitis hostium castris Crasso renuntiaverunt non eadem esse diligentia ab decumana porta castra munita facilemque aditum habere.

XXIV. 1. Crassus equitum praefectos cohortatus, ut magnis praemiis pollicitationibusque suos excitarent, quid fieri vellet ostendit. 2. Illi, ut erat imperatum, eductis iis cohortibus quae praesidio castris relictae intritae ab labore erant, et longiore itinere circumductis, ne ex hostium castris conspici possent, omnium oculis mentibusque ad pugnam intentis celeriter ad eas quas diximus munitiones pervenerunt 3. atque his prorutis prius in hostium castris constiterunt quam plane ab his videri aut quid rei gereretur cognosci posset. 4. Tum vero clamore ab ea parte audito nostri redintegratis viribus, quod plerumque in spe victoriae accidere consuevit, acrius impugnare coeperunt. 5. Hostes undique circumventi desperatis omnibus rebus se per munitiones deicere et fuga salutem petere contenderunt. 6. Quos equitatus apertissimis campis consectatus ex milium L numero, quae ex Aquitania Cantabrisque convenisse constabat, vix quarta parte relicta, multa nocte se in castra recepit.

XXV. 1. Hac audita pugna maxima pars Aquitaniae sese Crasso dedidit obsidesque ultro misit; quo in numero fuerunt Tarbelli, Bigerriones, Ptianii, Vocates, Tarusates, Elusates, Gates, Ausci, Garumni, Sibusates, Cocosates : 2. paucae ultimae nationes anni tempore confisae, quod hiems suberat, id facere neglexerunt.

XXVI. 1. Eodem fere tempore Caesar, etsi prope exacta iam aestas erat, tamen, quod omni Gallia pacata Morini Menapiique supererant, qui in armis essent neque ad eum umquam legatos de pace misissent, arbitratus id bellum celeriter confici posse eo exercitum duxit; qui longe alia ratione ac reliqui Galli bellum gerere coeperunt. 2. Nam quod intellegebant maximas nationes, quae proelio contendissent, pulsas superatasque esse, continentesque silvas ac paludes habebant, eo se suaque omnia contulerunt. 3. Ad quarum initium silvarum cum Caesar pervenisset castraque munire instituisset neque hostis interim visus esset, dispersis in opere nostris subito ex omnibus partibus silvae evolaverunt et in nostros impetum fecerunt. 4. Nostri celeriter arma ceperunt eosque in silvas repulerunt et compluribus interfectis longius impeditioribus locis secuti paucos ex suis deperdiderunt.

XXVII. 1. Reliquis deinceps diebus Caesar silvas caedere instituit, et ne quis inermibus imprudentibusque militibus ab latere impetus fieri posset, omnem eam materiam quae erat caesa conversam ad hostem conlocabat et pro vallo ad utrumque latus extruebat. 2. Incredibili celeritate magno spatio paucis diebus confecto, cum iam pecus atque extrema impedimenta a nostris tenerentur, ipsi densiores silvas peterent, eius modi sunt tempestates consecutae uti opus necessario intermitteretur et continuatione imbrium diutius sub pellibus milites contineri non possent. 3. Itaque vastatis omnibus eorum agris, vicis aedificiisque incensis, Caesar exercitum reduxit et in Aulercis Lexoviisque, reliquis item civitatibus quae proxime bellum fecerant, in hibernis conlocavit.

Commentarius Quartus

I. 1. Ea quae secuta est hieme, qui fuit annus Cn. Pompeio, M. Crasso consulibus, Usipetes Germani et item Tencteri magna [cum] multitudine hominum flumen Rhenum transierunt, non longe a mari, quo Rhenus influit. 2. Causa transeundi fuit quod ab Suebis complures annos exagitati bello premebantur et agri cultura prohibebantur. 3. Sueborum gens est longe maxima et bellicosissima Germanorum omnium. 4. Hi centum pagos habere dicuntur, ex quibus quotannis singula milia armatorum bellandi causa ex finibus educunt. Reliqui, qui domi manserunt, se atque illos alunt; 5. hi rursus in vicem anno post in armis sunt, illi domi remanent. 6. Sic neque agri cultura nec ratio atque usus belli intermittitur. 7. Sed privati ac separati agri apud eos nihil est, neque longius anno remanere uno in loco colendi causa licet. 8. Neque multum frumento, sed maximam partem lacte atque pecore vivunt multum sunt in venationibus; 9. quae res et cibi genere et cotidiana exercitatione et libertate vitae, quod a pueris nullo officio aut disciplina adsuefacti nihil omnino contra voluntatem faciunt, et vires alit et immani corporum magnitudine homines efficit. 10. Atque in eam se consuetudinem adduxerunt ut locis frigidissimis neque vestitus praeter pelles habeant quicquam, quarum propter exiguitatem magna est corporis pars aperta, et laventur in fluminibus.

II. 1. Mercatoribus est aditus magis eo ut quae bello ceperint quibus vendant habeant, quam quo ullam rem ad se importari desiderent. 2. Quin etiam iumentis, quibus maxime Galli delectantur quaeque impenso parant pretio, Germani importatis non utuntur, sed quae sunt apud eos nata, parva atque deformia, haec cotidiana exercitatione summi ut sint laboris efficiunt. 3. Equestribus proeliis saepe ex equis desiliunt ac pedibus proeliantur, equos eodem remanere vestigio adsue fecerunt, ad quos se celeriter, cum usus est, recipiunt : 4. neque eorum moribus turpius quicquam aut inertius habetur quam ephippiis uti. 5. Itaque ad quemvis numerum ephippiatorum equitum quamvis pauci adire audent. 6. Vinum omnino ad se importari non patiuntur, quod ea re ad laborem ferendum remollescere homines atque effeminari arbitrantur.

III. 1. Publice maximam putant esse laudem quam latissime a suis finibus vacare agros : hac re significari magnum numerum civitatum suam vim sustinere non posse. 2. Itaque una ex parte a Suebis circiter milia passuum C agri vacare dicuntur. 3. Ad alteram partem succedunt Ubii, quorum fuit civitas ampla atque florens, ut est captus Germanorum; ii paulo, quamquam sunt eiusdem generis, sunt ceteris humaniores, propterea quod Rhenum attingunt multum ad eos mercatores ventitant et ipsi propter propinquitatem [quod] Gallicis sunt moribus adsuefacti. 4. Hos cum Suebi multis saepe bellis experti propter amplitudinem gravitatem civitatis finibus expellere non potuissent, tamen vectigales sibi fecerunt ac multo humiliores infirmiores redegerunt.

IV. 1. In eadem causa fuerunt Usipetes et Tencteri, quos supra diximus; qui complures annos Sueborum vim sustinuerunt, 2. ad extremum tamen agris expulsi et multis locis Germaniae triennium vagati ad Rhenum pervenerunt, quas regiones Menapii incolebant. Hi ad utramque ripam fluminis agros, aedificia vicosque habebant; 3. sed tantae multitudinis adventu perterriti ex iis aedificiis quae trans flumen habuerant demigraverant, et cis Rhenum dispositis praesidiis Germanos transire prohibebant. 4. Illi omnia experti, cum neque vi contendere propter inopiam navium neque clam transire propter custodias Menapiorum possent, 5. reverti se in suas sedes regiones simulaverunt et tridui viam progressi rursus reverterunt atque omni hoc itinere una nocte equitatu confecto inscios inopinantes Menapios oppresserunt, 6. qui de Germanorum discessu per exploratores certiores facti sine metu trans Rhenum in suos vicos remigraverant. 7. His interfectis navibus eorum occupatis, prius quam ea pars Menapiorum quae citra Rhenum erat certior fieret, flumen transierunt atque omnibus eorum aedificiis occupatis reliquam partem hiemis se eorum copiis aluerunt.

V. 1. His de rebus Caesar certior factus et infirmitatem Gallorum veritus, quod sunt in consiliis capiendis mobiles et novis plerumque rebus student, nihil his committendum existimavit. 2. Est enim hoc Gallicae consuetudinis, uti et viatores etiam invitos consistere cogant et quid quisque eorum de quaque re audierit aut cognoverit quaerant et mercatores in oppidis vulgus circumsistat quibus ex regionibus veniant quas ibi res cognoverint pronuntiare cogat. 3. His rebus atque auditionibus permoti de summis saepe rebus consilia ineunt, quorum eos in vestigio paenitere necesse est, cum incertis rumoribus serviant et pleri ad voluntatem eorum ficta respondeant.

VI. 1. Qua consuetudine cognita Caesar, ne graviori bello, occurreret, maturius quam consuerat ad exercitum proficiscitur. 2. Eo cum venisset, ea quas fore suspicatus erat facta cognovit : 3. missas legationes ab non nullis civitatibus ad Germanos invitatos eos uti ab Rheno discederent : omnia quae[que] postulassent ab se fore parata. 4. Qua spe adducti Germani latius iam vagabantur et in fines Eburonum et Condrusorum, qui sunt Treverorum clientes, pervenerant. 5. Principibus Gallice evocatis Caesar ea quae cognoverat dissimulanda sibi existimavit, eorumque animis permulsis et confirmatis equitatu imperato bellum cum Germanis gerere constituit.

VII. 1. Re frumentaria comparata equitibusque delectis iter in ea loca facere coepit, quibus in locis esse Germanos audiebat. 2. A quibus cum paucorum dierum iter abesset, legati ab iis venerunt, quorum haec fuit oratio : 3. Germanos neque priores populo Romano bellum inferre neque tamen recusare, si lacessantur, quin armis contendant, quod Germanorum consuetudo [haec] sit a maioribus tradita, Quicumque bellum inferant, resistere neque deprecari. Haec tamen dicere venisse invitos, eiectos domo ; 4. si suam gratiam Romani velint, posse iis utiles esse amicos ; vel sibi agros attribuant vel patiantur eos tenere quos armis possederint : 5. sese unis Suebis concedere, quibus ne di quidem immortales pares esse possint ; reliquum quidem in terris esse neminem quem non superare possint.

VIII. 1. Ad haec Caesar quae visum est respondit; sed exitus fuit orationis : sibi nullam cum iis amicitiam esse posse, si in Gallia remanerent; 2. neque verum esse, qui suos fines tueri non potuerint alienos occupare; neque ullos in Gallia vacare agros qui dari tantae praesertim multitudini sine iniuria possint; 3. sed licere, si velint, in Ubiorum finibus considere, quorum sint legati apud se et de Sueborum iniuriis querantur et a se auxilium petant : hoc se Ubiis imperaturum.

IX. 1. Legati haec se ad suos relaturos dixerunt et re deliberata post diem tertium ad Caesarem reversuros : interea ne propius se castra moveret petierunt. 2. Ne id quidem Caesar ab se impetrari posse dixit. 3. Cognoverat enim magnam partem equitatus ab iis aliquot diebus ante praedandi frumentandi causa ad Ambivaritos trans Mosam missam : hos expectari equites atque eius rei causa moram interponi arbitrabatur.

X. 1. [Mosa profluit ex monte Vosego, qui est in finibus Lingonum, et parte quadam ex Rheno recepta, quae appellatur Vacalus insulam efficit Batavorum, in Oceanum influit 2. neque longius ab Oceano milibus passuum LXXX in Rhenum influit. 3. Rhenus autem oritur ex Lepontiis, qui Alpes incolunt, et longo spatio per fines Nantuatium, Helvetiorum, Sequanorum, Mediomatricorum, Tribocorum, Treverorum citatus fertur et, 4. ubi Oceano adpropinquavit, in plures diffluit partes multis ingentibus insulis effectis, quarum pars magna a feris barbaris nationibus incolitur, 5. ex quibus sunt qui piscibus atque ovis avium vivere existimantur, multis capitibus in Oceanum influit.]

XI. 1. Caesar cum ab hoste non amplius passuum XII milibus abesset, ut erat constitutum, ad eum legati revertuntur; qui in itinere congressi magnopere ne longius progrederetur orabant. 2. Cum id non impetrassent, petebant uti ad eos [equites] qui agmen antecessissent praemitteret eos pugna prohiberet, sibique ut potestatem faceret in Ubios legatos mittendi; 3. quorum si principes ac senatus sibi iure iurando fidem fecisset, ea condicione quae a Caesare ferretur se usuros ostendebant : ad has res conficiendas sibi tridui spatium daret. 4. Haec omnia Caesar eodem illo pertinere arbitrabatur ut tridui mora interposita equites eorum qui abessent reverterentur; tamen sese non longius milibus passuum IIII aquationis causa processurum eo die dixit : 5. huc postero die quam frequentissimi convenirent, ut de eorum postulatis cognosceret. 6. Interim ad praefectos, qui cum omni equitatu antecesserant, mittit qui nuntiarent ne hostes proelio lacesserent, et si ipsi lacesserentur, sustinerent quoad ipse cum exercitu propius accessisset.

XII. 1. At hostes, ubi primum nostros equites conspexerunt, quorum erat V milium numerus, cum ipsi non amplius DCCC equites haberent, quod ii qui frumentandi causa ierant trans Mosam profecti nondum redierant, nihil timentibus nostris, quod legati eorum paulo ante a Caesare discesserant atque is dies indutiis erat ab his petitus, impetu facto celeriter nostros perturbaverunt; 2. rursus his resistentibus consuetudine sua ad pedes desiluerunt subfossis equis compluribus nostris deiectis reliquos in fugam coniecerunt atque ita perterritos egerunt ut non prius fuga desisterent quam in conspectum agminis nostri venissent. 3. In eo proelio ex equitibus nostris interficiuntur IIII et LXX, 4. in his vir fortissimus Piso Aquitanus, amplissimo genere natus, cuius avus in civitate sua regnum obtinuerat amicus a senatu nostro appellatus. 5. Hic cum fratri intercluso ab hostibus auxilium ferret, illum ex periculo eripuit, ipse equo vulnerato deiectus, quoad potuit, fortissime restitit; 6. cum circumventus multis vulneribus acceptis cecidisset atque id frater, qui iam proelio excesserat, procul animadvertisset, incitato equo se hostibus obtulit atque interfectus est.

XIII. 1. Hoc facto proelio Caesar neque iam sibi legatos audiendos neque condiciones accipiendas arbitrabatur ab iis qui per dolum atque insidias petita pace ultro bellum intulissent; 2. expectare vero dum hostium copiae augerentur equitatus reverteretur summae dementiae esse iudicabat, 3. et cognita Gallorum infirmitate quantum iam apud eos hostes uno proelio auctoritatis essent consecuti sentiebat; quibus ad consilia capienda nihil spatii dandum existimabat. 4. His constitutis rebus et consilio cum legatis et quaestore communicato, ne quem diem pugnae praetermitteret, oportunissima res accidit, quod postridie eius diei mane eadem et perfidia et simulatione usi Germani frequentes, omnibus principibus maioribusque natu adhibitis, ad eum in castra venerunt, 5. simul, ut dicebatur, sui purgandi causa, quod contra atque esset dictum et ipsi petissent, proelium pridie commisissent, simul ut, si quid possent, de indutiis fallendo impetrarent. 6. Quos sibi Caesar oblatos gavisus illos retineri iussit; ipse omnes copias castris eduxit equitatumque, quod recenti proelio perterritum esse existimabat, agmen subsequi iussit.

XIV. 1. Acie triplici instituta et celeriter VIII milium itinere confecto, prius ad hostium castra pervenit quam quid ageretur Germani sentire possent. 2. Qui omnibus rebus subito perterriti et celeritate adventus nostri et discessu suorum, neque consilii habendi neque arma capiendi spatio dato perturbantur, copiasne adversus hostem ducere an castra defendere an fuga salutem petere praestaret. 3. Quorum timor cum fremitu et concursu significaretur, milites nostri pristini diei perfidia incitati in castra inruperunt. 4. Quo loco qui celeriter arma capere potuerunt paulisper nostris restiterunt atque inter carros impedimenta proelium commiserunt; 5. at reliqua multitudo puerorum mulierumque (nam eum omnibus suis domo excesserant Rhenum transierant) passim fugere coepit, ad quos consectandos Caesar equitatum misit.

XV. 1. Germani post tergum clamore audito, eum suos interfici viderent, armis abiectis signis militaribus relictis se ex castris eiecerunt, 2. et eum ad confluentem Mosae et Rheni pervenissent, reliqua fuga desperata, magno numero interfecto, reliqui se in flumen praecipitaverunt atque ibi timore, lassitudine, vi fluminis oppressi perierunt. 3. Nostri ad unum omnes incolumes, perpaucis vulneratis, ex tanti belli timore, cum hostium numerus capitum CCCCXXX milium fuisset, se in castra receperunt. 4. Caesar iis quos in castris retinuerat discedendi potestatem fecit. 5. Illi supplicia cruciatusque Gallorum veriti, quorum agros vexaverant, remanere se apud eum velle dixerunt. His Caesar libertatem concessit.

XVI. 1. Germanico bello confecto multis de causis Caesar statuit sibi Rhenum esse transeundum; quarum illa fuit iustissima quod, cum videret Germanos tam facile impelli ut in Galliam venirent, suis quoque rebus eos timere voluit, cum intellegerent et posse et audere populi Romani exercitum Rhenum transire. 2. Accessit etiam quod illa pars equitatus Usipetum et Tencterorum, quam supra commemoravi praedandi frumentandique causa Mosam transisse neque proelio interfuisse, post fugam suorum se trans Rhenum in fines Sugambrorum receperat seque cum his coniunxerat. 3. Ad quos cum Caesar nuntios misisset, qui postularent eos qui sibi Galliae bellum intulissent sibi dederent, responderunt : 4. populi Romani imperium Rhenum finire; si se invito Germanos in Galliam transire non aequum existimaret, cur sui quicquam esse imperii aut potestatis trans Rhenum postularet? 5. Ubii autem, qui uni ex Transrhenanis ad Caesarem legatos miserant, amicitiam fecerant, obsides dederant, magnopere orabant ut sibi auxilium ferret, quod graviter ab Suebis premerentur; 6. vel, si id facere occupationibus rei publicae prohiberetur, exercitum modo Rhenum transportaret : id sibi ad auxilium spemque reliqui temporis satis futurum. 7. Tantum esse nomen atque opinionem eius exercitus Ariovisto pulso et hoc novissimo proelio facto etiam ad ultimas Germanorum nationes, uti opinione et amicitia populi Romani tuti esse possint. 8. Navium magnam copiam ad transportandum exercitum pollicebantur.

XVII. 1. Caesar his de causis quas commemoravi Rhenum transire decreverat; sed navibus transire neque satis tutum esse arbitrabatur neque suae neque populi Romani dignitatis esse statuebat. 2. Itaque, etsi summa difficultas faciendi pontis proponebatur propter latitudinem, rapiditatem altitudinemque fluminis, tamen id sibi contendendum aut aliter non traducendum exercitum existimabat. 3. Rationem pontis hanc instituit. Tigna bina sesquipedalia. paulum ab imo praeacuta dimensa ad altitudinem fluminis intervallo pedum duorum inter se iungebat. 4. Haec cum machinationibus immissa in flumen defixerat fistucisque adegerat, non sublicae modo derecte ad perpendiculum, sed prone ac fastigate, ut secundum naturam fluminis procumberent, 5. iis item contraria duo ad eundem modum iuncta intervallo pedum quadragenum ab inferiore parte contra vim atque impetu fluminis conversa statuebat. 6. Haec utraque insuper bipedalibus trabibus immissis, quantum eorum tignorum iunctura distabat, binis utrimque fibulis ab extrema parte distinebantur; 7. quibus disclusis atque in contrariam partem revinctis, tanta erat operis firmitudo atque ea rerum natura ut, quo maior vis aquae se incitavisset, hoc artius inligata tenerentur. 8. Haec derecta materia iniecta contexebantur ac longuriis cratibusque consternebantur; 9. ac nihilo setius sublicae et ad inferiorem partem fluminis oblique agebantur, quae pro ariete subiectae et cum omni opere coniunctae vim fluminis exciperent, 10. et aliae item supra pontem mediocri spatio, ut, si arborum trunci sive naves deiciendi operis causa essent a barbaris missae, his defensoribus earum rerum vis minueretur neu ponti nocerent.

XVIII. 1. Diebus X, quibus materia coepta erat comportari, omni opere effecto exercitus traducitur. 2. Caesar ad utramque partem pontis firmo praesidio relicto in fines Sugambrorum contendit. 3. Interim a compluribus civitatibus ad eum legati veniunt; quibus pacem atque amicitiam petentibus liberaliter respondet obsidesque ad se adduci iubet. 4. At Sugambri, ex eo tempore quo pons institui coeptus est fuga comparata, hortantibus iis quos ex Tencteris atque Usipetibus apud se habebant, finibus suis excesserant suaque omnia exportaverant seque in solitudinem ac silvas abdiderant.

XIX. 1. Caesar paucos dies in eorum finibus moratus, omnibus vicis aedificiisque incensis frumentisque succisis, se in fines Ubiorum recepit atque his auxilium suum pollicitus, si a Suebis premerentur, haec ab iis cognovit : 2. Suebos, postea quam per exploratores pontem fieri comperissent, more suo concilio habito nuntios in omnes partes dimisisse, uti de oppidis demigrarent, liberos, uxores suaque omnia in silvis deponerent atque omnes qui arma ferre possent unum in locum convenirent. 3. Hunc esse delectum medium fere regionum earum quas Suebi obtinerent; hic Romanorum adventum expectare atque ibi decertare constituisse. 4. Quod ubi Caesar comperit, omnibus iis rebus confectis, quarum rerum causa exercitum traducere constituerat, ut Germanis metum iniceret, ut Sugambros ulcisceretur, ut Ubios obsidione liberaret, diebus omnino XVIII trans Rhenum consumptis, satis et ad laudem et ad utilitatem profectum arbitratus se in Galliam recepit pontemque rescidit.

XX. 1. Exigua parte aestatis reliqua Caesar, etsi in his locis, quod omnis Gallia ad septentriones vergit, maturae sunt hiemes, tamen in Britanniam proficisci contendit, quod omnibus fere Gallicis bellis hostibus nostris inde subministrata auxilia intellegebat, 2. et si tempus anni ad bellum gerendum deficeret, tamen magno sibi usui fore arbitrabatur, si modo insulam adiisset, genus hominum perspexisset, loca, portus, aditus cognovisset; quae omnia fere Gallis erant incognita. 3. Neque enim temere praeter mercatores illo adit quisquam, neque his ipsis quicquam praeter oram maritimam atque eas regiones quae sunt contra Galliam notum est. 4. Itaque vocatis ad se undique mercatoribus, neque quanta esset insulae magnitudo neque quae aut quantae nationes incolerent, neque quem usum belli haberent aut quibus institutis uterentur, neque qui essent ad maiorem navium multitudinem idonei portus reperire poterat.

XXI. 1. Ad haec cognoscenda, prius quam periculum faceret, idoneum esse arbitratus C. Volusenum cum navi longa praemittit. 2. Huic mandat ut exploratis omnibus rebus ad se quam primum revertatur. 3. Ipse cum omnibus copiis in Morinos proficiscitur, quod inde erat brevissimus in Britanniam traiectus. 4. Huc naves undique ex finitimis regionibus et quam superiore aestate ad Veneticum bellum fecerat classem iubet convenire. 5. Interim, consilio eius cognito et per mercatores perlato ad Britannos, a compluribus insulae civitatibus ad eum legati veniunt, qui polliceantur obsides dare atque imperio populi Romani obtemperare. 6. Quibus auditis, liberaliter pollicitus hortatusque ut in ea sententia permanerent, 7. eos domum remittit et cum iis una Commium, quem ipse Atrebatibus superatis regem ibi constituerat, cuius et virtutem et consilium probabat et quem sibi fidelem esse arbitrabatur cuiusque auctoritas in his regionibus magni habebatur, mittit. 8. Huic imperat quas possit adeat civitates horteturque ut populi Romani fidem sequantur seque celeriter eo venturum nuntiet. 9. Volusenus perspectis regionibus omnibus quantum ei facultatis dari potuit, qui navi egredi ac se barbaris committere non auderet, V die ad Caesarem revertitur quaeque ibi perspexisset renuntiat.

XXII. 1. Dum in his locis Caesar navium parandarum causa moratur, ex magna parte Morinorum ad eum legati venerunt, qui se de superioris temporis consilio excusarent, quod homines barbari et nostrae consuetudinis imperiti bellum populo Romano fecissent, seque ea quae imperasset facturos pollicerentur. 2. Hoc sibi Caesar satis oportune accidisse arbitratus, quod neque post tergum hostem relinquere volebat neque belli gerendi propter anni tempus facultatem habebat neque has tantularum rerum occupationes Britanniae anteponendas iudicabat, magnum iis numerum obsidum imperat. 3. Quibus adductis eos in fidem recipit. Navibus circiter LXXX onerariis coactis contractisque, quot satis esse ad duas transportandas legiones existimabat, quod praeterea navium longarum habebat quaestori, legatis praefectisque distribuit. 4. Huc accedebant XVIII onerariae naves, quae ex eo loco a milibus passuum VIII vento tenebantur quo minus in eundem portum venire possent : has equitibus tribuit. 5. Reliquum exercitum Q. Titurio Sabino et L. Aurunculeio Cottae legatis in Menapios atque in eos pagos Morinorum a quibus ad eum legati non venerant ducendum dedit; 6. Sulpicium Rufum legatum cum eo praesidio quod satis esse arbitrabatur portum tenere iussit.

XXIII. 1. His constitutis rebus, nactus idoneam ad navigandum tempestatem III. fere vigilia solvit equitesque in ulteriorem portum progredi et naves conscendere et se sequi iussit. 2. A quibus cum paulo tardius esset administratum, ipse hora diei circiter IIII. cum primis navibus Britanniam attigit atque ibi in omnibus collibus expositas hostium copias armatas conspexit. 3. Cuius loci haec erat natura atque ita montibus angustis mare continebatur, uti ex locis superioribus in litus telum adigi posset. 4. Hunc ad egrediendum nequaquam idoneum locum arbitratus, dum reliquae naves eo convenirent ad horam nonam in ancoris expectavit. 5. Interim legatis tribunisque militum convocatis et quae ex Voluseno cognovisset et quae fieri vellet ostendit monuitque, ut rei militaris ratio, maximeque ut maritimae res postularent, ut, cum celerem atque instabilem motum haberent, ad nutum et ad tempus D omnes res ab iis administrarentur. 6. His dimissis et ventum et aestum uno tempore nactus secundum, dato signo et sublatis ancoris, circiter milia passuum VII ab eo loco progressus aperto ac plano litore naves constituit.

XXIV. 1. At barbari, consilio Romanorum cognito praemisso equitatu et essedariis, quo plerumque genere in proeliis uti consuerunt, reliquis copiis subsecuti nostros navibus egredi prohibebant. 2. Erat ob has causas summa difficultas, quod naves propter magnitudinem nisi in alto constitui non poterant, militibus autem, ignotis locis, impeditis manibus, magno et gravi onere armorum oppressis simul et de navibus desiliendum et in fluctibus consistendum et cum hostibus erat pugnandum, 3. cum illi aut ex arido aut paulum in aquam progressi omnibus membris expeditis, notissimis locis, audacter tela coicerent et equos insuefactos incitarent. 4. Quibus rebus nostri perterriti atque huius omnino generis pugnae imperiti, non eadem alacritate ac studio quo in pedestribus uti proeliis consuerant utebantur.

XXV. 1. Quod ubi Caesar animadvertit, naves longas, quarum et species erat barbaris inusitatior et motus ad usum expeditior, paulum removeri ab onerariis navibus et remis incitari et ad latus apertum hostium constitui atque inde fundis, sagittis, tormentis hostes propelli ac submoveri iussit; quae res magno usui nostris fuit. 2. Nam et navium figura et remorum motu et inusitato genere tormentorum permoti barbari constiterunt ac paulum modo pedem rettulerunt. 3. Atque nostris militibus cunctantibus, maxime propter altitudinem maris, qui X legionis aquilam gerebat, obtestatus deos, ut ea res legioni feliciter eveniret, ' desilite', inquit, ' milites, nisi vultis aquilam hostibus prodere; ego certe meum rei publicae atque imperatori officium praestitero.' 4. Hoc cum voce magna dixisset, se ex navi proiecit atque in hostes aquilam ferre coepit. 5. Tum nostri cohortati inter se, ne tantum dedecus admitteretur, universi ex navi desiluerunt. 6. Hos item ex proximis primi navibus cum conspexissent, subsecuti hostibus adpropinquaverunt.

XXVI. 1. Pugnatum est ab utrisque acriter. Nostri tamen, quod neque ordines servare neque firmiter insistere neque signa subsequi poterant atque alius alia ex navi quibuscumque signis occurrerat se adgregabat, magnopere perturbabantur; 2. hostes vero, notis omnibus vadis, ubi ex litore aliquos singulares ex navi egredientes conspexerant, incitatis equis impeditos adoriebantur, 3. plures paucos circumsistebant, alii ab latere aperto in universos tela coniciebant. 4. Quod cum animadvertisset Caesar, scaphas longarum navium, item speculatoria navigia militibus compleri iussit, et quos laborantes conspexerat, his subsidia submittebat. 5. Nostri, simul in arido constiterunt, suis omnibus consecutis, in hostes impetum fecerunt atque eos in fugam dederunt; neque longius prosequi potuerunt, quod equites cursum tenere atque insulam capere non potuerant. Hoc unum ad pristinam fortunam Caesari defuit.

XXVII. 1. Hostes proelio superati, simul atque se ex fuga receperunt, statim ad Caesarem legatos de pace miserunt; obsides sese daturos quaeque imperasset facturos polliciti sunt. 2. Una cum his legatis Commius Atrebas venit, quem supra demonstraveram a Caesare in Britanniam praemissum. 3. Hunc illi e navi egressum, cum ad eos oratoris modo Caesaris mandata deferret, comprehenderant atque in vincula coniecerant; 4. tum proelio facto remiserunt et in petenda pace eius rei culpam in multitudinem contulerunt et propter imprudentiam ut ignosceretur petiverunt. 5. Caesar questus quod, cum ultro in continentem legatis missis pacem ab se petissent, bellum sine causa intulissent, ignoscere se imprudentiae dixit obsidesque imperavit; 6. quorum illi partem statim dederunt, partem ex longinquioribus locis arcessitam paucis diebus sese daturos dixerunt. 7. Interea suos in agros remigrare iusserunt, principesque undique convenire et se civitatesque suas Caesari commendare coeperunt.

XXVIII. 1. His rebus pace confirmata, post diem quartum quam est in Britanniam ventum naves XVIII, de quibus supra demonstratum est, quae equites sustulerant, ex superiore portu leni vento solverunt. 2. Quae cum adpropinquarent Britanniae et ex castris viderentur, tanta tempestas subito coorta est ut nulla earum cursum tenere posset, sed aliae eodem unde erant profectae referrentur, aliae ad inferiorem partem insulae, quae est propius solis occasum, magno suo cum periculo deicerentur; 3. quae tamen ancoris iactis cum fluctibus complerentur, necessario adversa nocte in altum provectae continentem petierunt.

XXIX. 1. Eadem nocte accidit ut esset luna plena, qui dies a maritimos aestus maximos in Oceano efficere consuevit, nostrisque id erat incognitum. 2. Ita uno tempore et longas naves, [quibus Caesar exercitum transportandum curaverat,] quas Caesar in aridum subduxerat, aestus complebat, et onerarias, quae ad ancoras erant deligatae, tempestas adflictabat, neque ulla nostris facultas aut administrandi aut auxiliandi dabatur. 3. Compluribus navibus fractis, reliquae cum essent funibus, ancoris reliquisque armamentis amissis ad navigandum inutiles, magna, id quod necesse erat accidere, totius exercitus perturbatio facta est. 4. Neque enim naves erant aliae quibus reportari possent, et omnia deerant quae ad reficiendas naves erant usui, et, quod omnibus constabat hiemari in Gallia oportere, frumentum in his locis in hiemem provisum non erat.

XXX. Quibus rebus cognitis, principes Britanniae, qui post proelium ad Caesarem convenerant, inter se conlocuti, cum et equites et naves et frumentum Romanis deesse intellegerent et paucitatem militum ex castrorum exiguitate cognoscerent, quae hoc erant etiam angustior quod sine impedimentis Caesar legiones transportaverat, 2. optimum factu esse duxerunt rebellione facta frumento commeatuque nostros prohibere et rem in hiemem producere, quod his superatis aut reditu interclusis neminem postea belli inferendi causa in Britanniam transiturum confidebant. 3. Itaque rursus coniuratione facta paulatim ex castris discedere et suos clam ex agris deducere coeperunt.

XXXI. 1. At Caesar, etsi nondum eorum consilia cognoverat, tamen et ex eventu navium suarum et ex eo quod obsides dare intermiserant fore id quod accidit suspicabatur. 2. Itaque ad omnes casus subsidia comparabat. Nam et frumentum ex agris cotidie in castra conferebat et, quae gravissime adflictae erant naves, earum materia atque aere ad reliquas reficiendas utebatur et quae ad eas res erant usui ex continenti comportari iubebat. 3. Itaque, cum summo studio a militibus administraretur, XII navibus amissis, reliquis ut navigari satis commode posset effecit.

XXXII. 1. Dum ea geruntur, legione ex consuetudine una frumentatum missa, quae appellabatur VII., neque ulla ad id tempus belli suspicione interposita, cum pars hominum in agris remaneret, pars etiam in castra ventitaret, ii qui pro portis castrorum in statione erant Caesari nuntiaverunt pulverem maiorem quam consuetudo ferret in ea parte videri quam in partem legio iter fecisset. 2. Caesar—id quod erat—suspicatus aliquid novi a barbaris initum consilii, cohortes quae in statione erant secum in eam partem proficisci, ex reliquis duas in stationem succedere, reliquas armari et confestim sese subsequi iussit. 3. Cum paulo longius a castris processisset, suos ab hostibus premi atque aegre sustinere et conferta legione ex omnibus partibus tela coici animadvertit. 4. Nam quod omni ex reliquis partibus demesso frumento pars una erat reliqua, suspicati hostes huc nostros esse venturos noctu in silvis delituerant; 5. tum dispersos depositis armis in metendo occupatos subito adorti paucis interfectis reliquos incertis ordinibus perturbaverant, simul equitatu atque essedis circumdederant.

XXXIII. 1. Genus hoc est ex essedis pugnae. Primo per omnes partes perequitant et tela coiciunt atque ipso terrore equorum et strepitu rotarum ordines plerumque perturbant, et cum se inter equitum turmas insinuaverint, ex essedis desiliunt et pedibus proeliantur. 2. Aurigae interim paulatim ex proelio excedunt atque ita currus conlocant ut, si illi a multitudine hostium premantur, expeditum ad suos receptum habeant. 3. Ita mobilitatem equitum, stabilitatem peditum in proeliis praestant, ac tantum usu cotidiano et exercitatione efficiunt uti in declivi ac praecipiti loco incitatos equos sustinere et brevi moderari ac flectere et per temonem percurrere et in iugo insistere et se inde in currus citissime recipere consuerint.

XXXIV. 1. Quibus rebus perturbatis nostris [novitate pugnae] tempore oportunissimo Caesar auxilium tulit : namque eius adventu hostes constiterunt, nostri se ex timore receperunt. 2. Quo facto, ad lacessendum hostem et committendum proelium alienum esse tempus arbitratus suo se loco continuit et brevi tempore intermisso in castra legiones reduxit. 3. Dum haec geruntur, nostris omnibus occupatis qui erant in agris reliqui discesserunt. 4. Secutae sunt continuos complures dies tempestates, quae et nostros in castris continerent et hostem a pugna prohiberent. 5. Interim barbari nuntios in omnes partes dimiserunt paucitatemque nostrorum militum suis praedicaverunt et quanta praedae faciendae atque in perpetuum sui liberandi facultas daretur, si Romanos castris expulissent, demonstraverunt. His rebus celeriter magna multitudine peditatus equitatusque coacta ad castra venerunt.

XXXV. 1. Caesar, etsi idem quod superioribus diebus acciderat fore videbat, ut, si essent hostes pulsi, celeritate periculum effugerent, tamen nactus equites circiter XXX, quos Commius Atrebas, de quo ante dictum est, secum transportaverat, legiones in acie pro castris constituit. 2. Commisso proelio diutius nostrorum militum impetum hostes ferre non potuerunt ac terga verterunt. 3. Quos tanto spatio secuti quantum cursu et viribus efficere potuerunt, complures ex iis occiderunt, deinde omnibus longe lateque aedificiis incensis se in castra receperunt.

XXXVI. 1. Eodem die legati ab hostibus missi ad Caesarem de pace venerunt. 2. His Caesar numerum obsidum quem ante imperaverat duplicavit eosque in continentem adduci iussit, quod propinqua die aequinoctii infirmis navibus hiemi navigationem subiciendam non existimabat. 3. Ipse idoneam tempestatem nactus paulo post mediam noctem naves solvit, 4. quae omnes incolumes ad continentem pervenerunt; sed ex iis onerariae duae eosdem portus quos reliquae capere non potuerunt et paulo infra delatae sunt.

XXXVII. 1. Quibus ex navibus cum essent expositi milites circiter CCC atque in castra contenderent, Morini, quos Caesar in Britanniam proficiscens pacatos reliquerat, spe praedae adducti primo non ita magno suorum numero circumsteterunt ac, si sese interfici nollent, arma ponere iusserunt. 2. Cum illi orbe facto sese defenderent, celeriter ad clamorem hominum circiter milia VI convenerunt. Qua re nuntiata, Caesar omnem ex castris equitatum suis auxilio misit. 3. Interim nostri milites impetum hostium sustinuerunt atque amplius horis IIII fortissime pugnaverunt et paucis vulneribus acceptis complures ex iis occiderunt. 4. Postea vero quam equitatus noster in conspectum venit, hostes abiectis armis terga verterunt magnusque eorum numerus est occisus.

XXXVIII. 1. Caesar postero die T. Labienum legatum cum iis legionibus quas ex Britannia reduxerat in Morinos qui rebellionem fecerant misit. 2. Qui cum propter siccitates paludum quo se reciperent non haberent, quo perfugio superiore anno erant usi, omnes fere in potestatem Labieni venerunt. 3. At Q. Titurius et L. Cotta legati, qui in Menapiorum fines legiones duxerant, omnibus eorum agris vastatis, frumentis succisis, aedificiis incensis, quod Menapii se omnes in densissimas silvas abdiderant, se ad Caesarem receperunt. 4. Caesar in Belgis omnium legionum hiberna constituit. Eo duae omnino civitates ex Britannia obsides miserunt, reliquae neglexerunt. 5. His rebus gestis ex litteris Caesaris dierum XX supplicatio a senatu decreta est.

Commentarius Quintus

I. 1. L. Domitio Ap. Claudio consulibus, discedens ab hibernis Caesar in Italiam, ut quotannis facere consuerat, legatis imperat quos legionibus praefecerat uti quam plurimas possent hieme naves aedificandas veteresque reficiendas curarent. Earum modum formamque demonstrat. 2. Ad celeritatem onerandi subductionesque paulo facit humiliores quam quibus in nostro mari uti consuevimus, atque id eo magis, quod propter crebras commutationes aestuum minus magnos ibi fluctus fieri cognoverat; ad onera, ad multitudinem iumentorum transportandam paulo latiores quam quibus in reliquis utimur maribus. 3. Has omnes actuarias imperat fieri, quam ad rem multum humilitas adiuvat. 4. Ea quae sunt usui ad armandas naves ex Hispania apportari iubet. 5. Ipse conventibus Galliae citerioris peractis in Illyricum proficiscitur, quod a Pirustis finitimam partem provinciae incursionibus vastari audiebat. 6. Eo cum venisset, civitatibus milites imperat certumque in locum convenire iubet. 7. Qua re nuntiata Pirustae legatos ad eum mittunt qui doceant nihil earum rerum publico factum consilio, seseque paratos esse demonstrant omnibus rationibus de iniuriis satisfacere. 8. Accepta oratione eorum Caesar obsides imperat eosque ad certam diem adduci iubet; nisi ita fecerint, sese bello civitatem persecuturum demonstrat. 9. Eis ad diem adductis, ut imperaverat, arbitros inter civitates dat qui litem aestiment poenamque constituant.

II. 1. His confectis rebus conventibusque peractis, in citeriorem Galliam revertitur atque inde ad exercitum proficiscitur. 2. Eo cum venisset, circumitis omnibus hibernis, singulari militum studio in summa omnium rerum inopia circiter sescentas eius generis cuius supra demonstravimus naves et longas XXVIII invenit instructas neque multum abesse ab eo quin paucis diebus deduci possint. 3. Collaudatis militibus atque eis qui negotio praefuerant, quid fieri velit ostendit atque omnes ad portum Itium convenire iubet, quo ex portu commodissimum in Britanniam traiectum esse cognoverat, circiter milium passuum XXX transmissum a continenti : huic rei quod satis esse visum est militum reliquit; 4. ipse cum legionibus expeditis IIII et equitibus DCCC in fines Treverorum proficiscitur, quod hi neque ad concilia veniebant neque imperio parebant Germanosque Transrhenanos sollicitare dicebantur.

III. 1. Haec civitas longe plurimum totius Galliae equitatu valet magnasque habet copias peditum Rhenumque, ut supra demonstravimus, tangit. 2. In ea civitate duo de principatu inter se contendebant, Indutiomarus et Cingetorix; 3. e quibus alter, simul atque de Caesaris legionumque adventu cognitum est, ad eum venit, se suosque omnes in officio futuros neque ab amicitia populi Romani defecturos confirmavit quaeque in Treveris gererentur ostendit. 4. At Indutiomarus equitatum peditatumque cogere, eisque qui per aetatem in armis esse non poterant in silvam Arduennam abditis, quae ingenti magnitudine per medios fines Treverorum a flumine Rheno ad initium Remorum pertinet, bellum parare instituit. 5. Sed posteaquam nonnulli principes ex ea civitate et familiaritate Cingetorigis adducti et adventu nostri exercitus perterriti ad Caesarem venerunt et de suis privatim rebus ab eo petere coeperunt, quoniam civitati consulere non possent, veritus ne ab omnibus desereretur Indutiomarus legatos ad Caesarem mittit : 6. sese idcirco ab suis discedere atque ad eum venire noluisse, quo facilius civitatem in officio contineret, ne omnis nobilitatis discessu plebs propter imprudentiam laberetur : 7. itaque esse civitatem in sua potestate, seseque, si Caesar permitteret, ad eum in castra venturum, suas civitatisque fortunas eius fidei permissurum.

IV. 1. Caesar, etsi intellegebat qua de causa ea dicerentur quaeque eum res ab instituto consilio deterreret, tamen, ne aestatem in Treveris consumere cogeretur omnibus ad Britannicum bellum rebus comparatis, Indutiomarum ad se cum CC obsidibus venire iussit. 2. His adductis, in eis filio propinquisque eius omnibus, quos nominatim evocaverat, consolatus Indutiomarum hortatusque est uti in officio maneret; 3. nihilo tamen setius principibus Treverorum ad se convocatis hos singillatim Cingetorigi conciliavit, quod cum merito eius a se fieri intellegebat, tum magni interesse arbitrabatur eius auctoritatem inter suos quam plurimum valere, cuius tam egregiam in se voluntatem perspexisset. 4. Id tulit factum graviter Indutiomarus, suam gratiam inter suos minui, et, qui iam ante inimico in nos animo fuisset, multo gravius hoc dolore exarsit.

V. 1. His rebus constitutis Caesar ad portum Itium cum legionibus pervenit. 2. Ibi cognoscit LX naves, quae in Meldis factae erant, tempestate reiectas cursum tenere non potuisse atque eodem unde erant profectae revertisse; reliquas paratas ad navigandum atque omnibus rebus instructas invenit. 3. Eodem equitatus totius Galliae convenit, numero milium quattuor, principesque ex omnibus civitatibus. 4. Ex quibus perpaucos, quorum in se fidem perspexerat, relinquere in Gallia, reliquos obsidum loco secum ducere decreverat, quod, cum ipse abesset, motum Galliae verebatur.

VI. 1. Erat una cum ceteris Dumnorix Aeduus, de quo ante ab nobis dictum est. Hunc secum habere in primis constituerat, quod eum cupidum rerum novarum, cupidum imperi, magri animi, magnae inter Gallos auctoritatis cognoverat. 2. Accedebat huc quod in concilio Aeduorum Dumnorix dixerat sibi a Caesare regnum civitatis deferri; quod dictum Aedui graviter ferebant, neque recusandi aut deprecandi causa legatos ad Caesarem mittere audebant. 3. Id factum ex suis hospitibus Caesar cognoverat. Ille omnibus primo precibus petere contendit ut in Gallia relinqueretur, partim quod insuetus navigandi mare timeret, partim quod religionibus impediri sese diceret. 4. Posteaquam id obstinate sibi negari vidit, omni spe impetrandi adempta principes Galliae sollicitare, sevocare singulos hortarique coepit uti in continenti remanerent; 5. metu territare : non sine causa fieri, ut Gallia omni nobilitate spoliaretur; id esse consilium Caesaris, ut quos in conspectu Galliae interficere vereretur, hos omnes in Britanniam traductos necaret; 6. fidem reliquis interponere, iusiurandum poscere, ut quod esse ex usu Galliae intellexissent communi consilio administrarent. Haec a compluribus ad Caesarem deferebantur.

VII. 1. Qua re cognita Caesar, quod tantum civitati Aeduae dignitatis tribuebat, coercendum atque deterrendum quibuscumque rebus posset Dumnorigem statuebat; 2. quod longius eius amentiam progredi videbat, prospiciendum, ne quid sibi ac rei publicae nocere posset. Itaque dies circiter XXV in eo loco commoratus, 3. quod Carus ventus navigationem impediebat, qui magnam partem omnis temporis in his locis flare consuevit, dabat operam ut in officio Dumnorigem contineret, nihilo tamen setius omnia eius consilia cognosceret. 4. Tandem idoneam nactus tempestatem milites equitesque conscendere in naves iubet. 5. At omnium impeditis animis Dumnorix cum equitibus Aeduorum a castris insciente Caesare domum discedere coepit. 6. Qua re nuntiata Caesar intermissa profectione atque omnibus rebus postpositis magnam partem equitatus ad eum insequendum mittit retrahique imperat; 7. si vim faciat neque pareat, interfici iubet, nihil hunc se absente pro sano facturum arbitratus, qui praesentis imperium neglexisset. 8. Ille enim revocatus resistere ac se manu defendere suorumque fidem implorare coepit, saepe clamitans liberum se liberaeque esse civitatis. 9. Illi, ut erat imperatum, circumsistunt hominem atque interficiunt : at equites Aedui ad Caesarem omnes revertuntur.

VIII. 1. His rebus gestis, Labieno in continente cum tribus legionibus et equitum milibus duobus relicto ut portus tueretur et rem frumentariam provideret quaeque in Gallia gererentur cognosceret consiliumque pro tempore et pro re caperet, 2. ipse cum quinque legionibus et pari numero equitum, quem in continenti reliquerat, ad solis occasum naves solvit et leni Africo provectus media circiter nocte vento intermisso cursum non tenuit, et longius delatus aestu orta luce sub sinistra Britanniam relictam conspexit. 3. Tum rursus aestus commutationem secutus remis contendit ut eam partem insulae caperet, qua optimum esse egressum superiore aestate cognoverat. 4. Qua in re admodum fuit militum virtus laudanda, qui vectoriis gravibusque navigiis non intermisso remigandi labore longarum navium cursum adaequarunt. 5. Accessum est ad Britanniam omnibus navibus meridiano fere tempore, neque in eo loco hostis est visus; 6. sed, ut postea Caesar ex captivis cognovit, cum magnae manus eo convenissent, multitudine navium perterritae, quae cum annotinis privatisque quas sui quisque commodi fecerat amplius octingentae uno erant visae tempore, a litore discesserant ac se in superiora loca abdiderant.

IX. 1. Caesar exposito exercitu et loco castris idoneo capto, ubi ex captivis cognovit quo in loco hostium copiae consedissent, cohortibus decem ad mare relictis et equitibus trecentis, qui praesidio navibus essent, de tertia vigilia ad hostes contendit, eo minus veritus navibus, quod in litore molli atque aperto deligatas ad ancoram relinquebat, 2. et praesidio navibus Q. Atrium praefecit. Ipse noctu progressus milia passuum circiter XII hostium copias conspicatus est. 3. Illi equitatu atque essedis ad flumen progressi ex loco superiore nostros prohibere et proelium committere coeperunt. 4. Repulsi ab equitatu se in silvas abdiderunt, locum nacti egregie et natura et opere munitum, quem domestici belli, ut videbantur, causa iam ante praeparaverant; 5. nam crebris arboribus succisis omnes introitus erant praeclusi. 6. Ipsi ex silvis rari propugnabant nostrosque intra munitiones ingredi prohibebant. 7. At milites legionis septimae, testudine facta et aggere ad munitiones adiecto, locum ceperunt eosque ex silvis expulerunt paucis vulneribus acceptis. 8. Sed eos fugientes longius Caesar prosequi vetuit, et quod loci naturam ignorabat, et quod magna parte diei consumpta munitioni castrorum tempus relinqui volebat.

X. 1. Postridie eius diei mane tripertito milites equitesque in expeditionem misit, ut eos qui fugerant persequerentur. 2. His aliquantum itineris progressis, cum iam extremi essent in prospectu, equites a Quinto Atrio ad Caesarem venerunt, qui nuntiarent superiore nocte maxima coorta tempestate prope omnes naves adflictas atque in litore eiectas esse, quod neque ancorae funesque subsisterent, neque nautae gubernatoresque vim tempestatis pati possent; 3. itaque ex eo concursu navium magnum esse incommodum acceptum.

XI. 1. His rebus cognitis Caesar legiones equitatumque revocari atque in itinere resistere iubet, ipse ad naves revertitur; 2. eadem fere quae ex nuntiis litterisque cognoverat coram perspicit, sic ut amissis circiter XL navibus reliquae tamen refici posse magno negotio viderentur. 3. Itaque ex legionibus fabros deligit et ex continenti alios arcessi iubet; 4. Labieno scribit, ut quam plurimas posset eis legionibus, quae sunt apud eum, naves instituat. 5. Ipse, etsi res erat multae operae ac laboris, tamen commodissimum esse statuit omnes naves subduci et cum castris una munitione coniungi. 6. In his rebus circiter dies X consumit ne nocturnis quidem temporibus ad laborem militum intermissis. 7. Subductis navibus castrisque egregie munitis easdem copias, quas ante, praesidio navibus reliquit : ipse eodem unde redierat proficiscitur. 8. Eo cum venisset, maiores iam undique in eum locum copiae Britannorum convenerant summa imperi bellique administrandi communi consilio permissa Cassivellauno, cuius fines a maritimis civitatibus flumen dividit, quod appellatur Tamesis, a mari circiter milia passuum LXXX. 9. Huic superiore tempore cum reliquis civitatibus continentia bella intercesserant; sed nostro adventu permoti Britanni hunc toti bello imperioque praefeceraut.

XII. 1. Britanniae pars interior ab eis incolitur quos natos in insula ipsi memoria proditum dicunt, 2. maritima pars ab eis, qui praedae ac belli inferendi causa ex Belgio transierunt (qui omnes fere eis nominibus civitatum appellantur, quibus orti ex civitatibus eo pervenerunt) et bello illato ibi permanserunt atque agros colere coeperunt. 3. Hominum est infinita multitudo creberrimaque aedificia fere Gallicis consimilia, pecorum magnus numerus. 4. Vtuntur aut aere aut nummo aureo aut taleis ferreis ad certum pondus examinatis pro nummo. 5. Nascitur ibi plumbum album in mediterraneis regionibus, in maritimis ferrum, sed eius exigua est copia; aere utuntur importato. Materia cuiusque generis ut in Gallia est, praeter fagum atque abietem. 6. Leporem et gallinam et anserem gustare fas non putant; haec tamen alunt animi voluptatisque causa. Loca sunt temperatiora quam in Gallia, remissioribus frigoribus.

XIII. 1. Insula natura triquetra, cuius unum latus est contra Galliam. Huius lateris alter angulus, qui est ad Cantium, quo fere omnes ex Gallia naves appelluntur, ad orientem solem, inferior ad meridiem spectat. Hoc pertinet circiter mila passuum quingenta. 2. Alterum vergit ad Hispaniam atque occidentem solem; qua ex parte est Hibernia, dimidio minor, ut aestimatur, quam Britannia, sed pari spatio transmissus atque ex Gallia est in Britanniam. 3. In hoc medio cursu est insula, quae appellatur Mona : complures praeterea minores subiectae insulae existimantur, de quibus insulis nonnulli scripserunt dies continuos triginta sub bruma esse noctem. 4. Nos nihil de eo percontationibus reperiebamus, nisi certis ex aqua mensuris breviores esse quam in continenti noctes videbamus. 5. Huius est longitudo lateris, ut fert illorum opinio, septingentorum milium. 6. Tertium est contra septentriones; cui parti nulla est obiecta terra, sed eius angulus lateris maxime ad Germaniam spectat. Hoc milia passuum octingenta in longitudinem esse existimatur. 7. Ita omnis insula est in circuitu vicies centum milium passuum.

XIV. 1. Ex his omnibus longe sunt humanissimi qui Cantium incolunt, quae regio est maritima omnis, neque multum a Gallica differunt consuetudine. 2. Interiores plerique frumenta non serunt, sed lacte et carne vivunt pellibusque sunt vestiti. Omnes vero se Britanni vitro inficiunt, quod caeruleum efficit colorem, atque hoc horridiores sunt in pugna aspectu; 3. capilloque sunt promisso atque omni parte corporis rasa praeter caput et labrum superius. 4. Vxores habent deni duodenique inter se communes et maxime fratres cum fratribus parentesque cum liberis; sed qui sunt ex his nati, eorum habentur liberi, quo primum virgo quaeque deducta est.

XV. 1. Equites hostium essedariique acriter proelio cum equitatu nostro in itinere conflixerunt, tamen ut nostri omnibus partibus superiores fuerint atque eos in silvas collesque compulerint. 2. Sed compluribus interfectis cupidius insecuti nonnullos ex suis amiserunt. 3. At illi intermisso spatio imprudentibus nostris atque occupatis in munitione castrorum subito se ex statione pro castris collocati, 4. acriter pugnaverunt, duabusque missis subsidio cohortibus a Caesare atque eis primis legionum duarum, cum hae perexiguo intermisso loci spatio inter se constitissent, novo genere pugnae perterritis nostris per medios audacissime perruperunt seque inde incolumes receperunt. 5. Eo die Quintus Laberius Durus, tribunus militum, interficitur. Illi pluribus submissis cohortibus repelluntur.

XVI. 1. Toto hoc in genere pugnae, cum sub oculis omnium ac pro castris dimicaretur, intellectum est nostros propter gravitatem armorum, quod neque insequi cedentes possent neque ab signis discedere auderent, minus aptos esse ad huius generis hostem, 2. equites autem magno cum periculo proelio dimicare, propterea quod illi etiam consulto plerumque cederent et, cum paulum ab legionibus nostros removissent, ex essedis desilirent et pedibus dispari proelio contenderent. 3. Equestris autem proeli ratio et cedentibus et insequentibus par atque idem periculum inferebat. 4. Accedebat huc ut numquam conferti sed rari magnisque intervallis proeliarentur stationesque dispositas haberent, atque alios alii deinceps exciperent, integrique et recentes defetigatis succederent.

XVII. 1. Postero die procul a castris hostes in collibus constiterunt rarique se ostendere et lenius quam pridie nostros equites proelio lacessere coeperunt. 2. Sed meridie, cum Caesar pabulandi causa tres legiones atque omnem equitatum cum Gaio Trebonio legato misisset, repente ex omnibus partibus ad pabulatores advolaverunt, sic uti ab signis legionibusque non absisterent. 3. Nostri acriter in eos impetu facto reppulerunt neque finem sequendi fecerunt, quoad subsidio confisi equites, cum post se legiones viderent, 4. praecipites hostes egerunt magnoque eorum numero interfecto neque sui colligendi neque consistendi aut ex essedis desiliendi facultatem dederunt. 5. Ex hac fuga protinus, quae undique convenerant, auxilia discesserunt, neque post id tempus umquam summis nobiscum copiis hostes contenderunt.

XVIII. 1. Caesar cognito consilio eorum ad flumen Tamesim in fines Cassivellauni exercitum duxit; quod flumen uno omnino loco pedibus, atque hoc aegre, transiri potest. 2. Eo cum venisset, animum advertit ad alteram fluminis ripam magnas esse copias hostium instructas; 3. ripa autem erat acutis sudibus praefixis munita, eiusdemque generis sub aqua defixae sudes flumine tegebantur. 4. His rebus cognitis a captivis perfugisque Caesar praemisso equitatu confestim legiones subsequi iussit. 5. Sed ea celeritate atque eo impetu milites ierunt, cum capite solo ex aqua exstarent, ut hostes impetum legionum atque equitum sustinere non possent ripasque dimitterent ac se fugae mandarent.

XIX. 1. Cassivellaunus, ut supra demonstravimus, omni deposita spe contentionis dimissis amplioribus copiis milibus circiter quattuor essedariorum relictis itinera nostra servabat paulumque ex via excedebat locisque impeditis ac silvestribus sese occultabat, atque eis regionibus quibus nos iter facturos cognoverat pecora atque homines ex agris in silvas compellebat et, 2. cum equitatus noster liberius praedandi vastandique causa se in agros eiecerat, omnibus viis semitisque essedarios ex silvis emittebat et magno cum periculo nostrorum equitum cum eis confligebat atque hoc metu latius vagari prohibebat. 3. Relinquebatur ut neque longius ab agmine legionum discedi Caesar pateretur, et tantum in agris vastandis incendiisque faciendis hostibus noceretur, quantum labore atque itinere legionarii milites efficere poterant.

XX. 1. Interim Trinobantes, prope firmissima earum regionum civitas, ex qua Mandubracius adulescens Caesaris fidem secutus ad eum in continentem Galliam venerat, cuius pater in ea civitate regnum obtinuerat interfectusque erat a Cassivellauno, ipse fuga mortem vitaverat, legatos ad Caesarem mittunt pollicenturque sese ei dedituros atque imperata facturos ; 2. petunt ut Mandubracium ab iniuria Cassivellauni defendat atque in civitatem mittat, qui praesit imperiumque obtineat. 3. His Caesar imperat obsides quadraginta frumentumque exercitui Mandubraciumque ad eos mittit. 4. Illi imperata celeriter fecerunt, obsides ad numerum frumentumque miserunt.

XXI. 1. Trinobantibus defensis atque ab omni militum iniuria prohibitis Cenimagni, Segontiaci, Ancalites, Bibroci, Cassi legationibus missis sese Caesari dedunt. 2. Ab his cognoscit non longe ex eo loco oppidum Cassivellauni abesse silvis paludibusque munitum, quo satis magnus hominum pecorisque numerus convenerit. 3. Oppidum autem Britanni vocant, cum silvas impeditas vallo atque fossa munierunt, quo incursionis hostium vitandae causa convenire consuerunt. 4. Eo proficiscitur cum legionibus : locum reperit egregie natura atque opere munitum ; tamen hunc duabus ex partibus oppugnare contendit. 5. Hostes paulisper morati militum nostrorum impetum non tulerunt seseque alia ex parte oppidi eiecerunt. 6. Magnus ibi numerus pecoris repertus, multique in fuga sunt comprehensi atque interfecti.

XXII. 1. Dum haec in his locis geruntur, Cassivellaunus ad Cantium, quod esse ad mare supra demonstravimus, quibus regionibus quattuor reges praeerant, Cingetorix, Carvilius, Taximagulus, Segovax, nuntios mittit atque eis imperat uti coactis omnibus copiis castra navalia de improviso adoriantur atque oppugnent. 2. Ei cum ad castra venissent, nostri eruptione facta multis eorum interfectis, capto etiam nobili duce Lugotorige suos incolumes reduxerunt. 3. Cassivellaunus hoc proelio nuntiato tot detrimentis acceptis, vastatis finibus, maxime etiam permotus defectione civitatum legatos per Atrebatem Commium de deditione ad Caesarem mittit. 4. Caesar, cum constituisset hiemare in continenti propter repentinos Galliae motus, neque multum aestatis superesset, atque id facile extrahi posse intellegeret, obsides imperat et quid in annos singulos vectigalis populo Romano Britannia penderet constituit; 5. interdicit atque imperat Cassivellauno, ne Mandubracio neu Trinobantibus noceat.

XXIII. 1. Obsidibus acceptis exercitum reducit ad mare, naves invenit refectas. 2. His deductis, quod et captivorum magnum numerum habebat, et nonnullae tempestate deperierant naves, duobus commeatibus exercitum reportare instituit. 3. Ac sic accidit, uti ex tanto navium numero tot navigationibus neque hoc neque superiore anno ulla omnino navis, 4. quae milites portaret, desideraretur; at ex eis, quae inanes ex continenti ad eum remitterentur et prioris commeatus expositis militibus et quas postea Labienus faciendas curaverat numero LX, perpaucae locum caperent, reliquae fere omnes reicerentur. 5. Quas cum aliquamdiu Caesar frustra exspectasset, ne anni tempore a navigatione excluderetur, 6. quod aequinoctium suberat, necessario angustius milites collocavit ac summa tranquillitate consecuta, secunda inita cum solvisset vigilia, prima luce terram attigit omnesque incolumes naves perduxit.

XXIV. 1. Subductis navibus concilioque Gallorum Samarobrivae peracto, quod eo anno frumentum in Gallia propter siccitates angustius provenerat, coactus est aliter ac superioribus annis exercitum in hibernis collocare legionesque in plures civitates distribuere; 2. ex quibus unam in Morinos ducendam Gaio Fabio legato dedit, alteram in Nervios Quinto Ciceroni, tertiam in Esubios Lucio Roscio; quartam in Remis cum Tito Labieno in confinio Treverorum hiemare iussit. Tres in Belgis collocavit : 3. eis Marcum Crassum quaestorem et Lucium Munatium Plancum et Gaium Trebonium legatos praefecit. 4. Vnam legionem, quam proxime trans Padum conscripserat, et cohortes V in Eburones, quorum pars maxima est inter Mosam ac Rhenum, qui sub imperio Ambiorigis et Catuvolci erant, misit. 5. Eis militibus Quintum Titurium Sabinum et Lucium Aurunculeium Cottam legatos praeesse iussit. 6. Ad hunc modum distributis legionibus facillime inopiae frumentariae sese mederi posse existimavit. 7. Atque harum tamen omnium legionum hiberna praeter eam, quam Lucio Roscio im pacatissimam et quietissimam partem ducendam dederat, milibus passuum centum continebantur. 8. Ipse interea, quoad legiones collocatas munitaque hiberna cognovisset, in Gallia morari constituit.

XXV. 1. Erat in Carnutibus summo loco natus Tasgetius, cuius maiores in sua civitate regnum obtinuerant. 2. Huic Caesar pro eius virtute atque in se benevolentia, quod in omnibus bellis singulari eius onera fuerat usus, maiorum locum restituerat. 3. Tertium iam hunc annum regnantem inimici, multis palam ex civitate eius auctoribus, eum interfecerunt. 4. Defertur ea res ad Caesarem. Ille veritus, quod ad plures pertinebat, ne civitas eorum impulsu deficeret, Lucium Plancum cum legione ex Belgio celeriter in Carnutes proficisci iubet ibique hiemare quorumque opera cognoverat Tasgetium interfectum, hos comprehensos ad se mittere. 5. Interim ab omnibus legatis quaestoreque, quibus legiones tradiderat, certior factus est in hiberna perventum locumque hibernis esse munitum.

XXVI. 1. Diebus circiter XV, quibus in hiberna ventum est, initium repentini tumultus ac defectionis ortum est ab Ambiorige et Catuvolco; 2. qui, cum ad fines regni sui Sabino Cottaeque praesto fuissent frumentumque in hiberna comportavissent, Indutiomari Treveri nuntiis impulsi suos concitaverunt subitoque oppressis lignatoribus magna manu ad castra oppugnatum venerunt. 3. Cum celeriter nostri arma cepissent vallumque adscendissent atque una ex parte Hispanis equitibus emissis equestri proelio superiores fuissent, desperata re hostes suos ab oppugnatione reduxerunt. 4. Tum suo more conclamaverunt, uti aliqui ex nostris ad colloquium prodiret : habere sese, quae de re communi dicere vellent, quibus rebus controversias minui posse sperarent.

XXVII. 1. Mittitur ad eos colloquendi causa Gaius Arpineius, eques Romanus, familiaris Quinti Tituri, et Quintus Iunius ex Hispania quidam, qui iam ante missu Caesaris ad Ambiorigem ventitare consuerat; apud quos Ambiorix ad hunc modum locutus est : 2. sese pro Caesaris in se beneficiis plurimum ei confiteri debere, quod eius opera stipendio liberatus esset, quod Aduatucis, finitimis suis, pendere consuesset, quodque ei et filius et fratris filius ab Caesare remissi essent, quos Aduatuci obsidum numero missos apud se in servitute et catenis tenuissent; 3. neque id, quod fecerit de oppugnatione castrorum, aut iudicio aut voluntate sua fecisse, sed coactu civitatis, suaque esse eiusmodi imperia, ut non minus haberet iuris in se multitudo quam ipse in multitudinem. 4. Civitati porro hanc fuisse belli causam, quod repentinae Gallorum coniurationi resistere non potuerit. Id se facile ex humilitate sua probare posse, quod non adeo sit imperitus rerum ut suis copiis populum Romanum superari posse confidat. 5. Sed esse Galliae commune consilium : omnibus hibernis Caesaris oppugnandis hunc esse dictum diem, ne qua legio alterae legioni subsidio venire posset; 6. non facile Gallos Gallis negare potuisse, praesertim cum de recuperanda communi libertate consilium initum videretur. 7. Quibus quoniam pro pietate satisfecerit, habere nunc se rationem offici pro beneficiis Caesaris : monere, orare Titurium pro hospitio, ut suae ac militum saluti consulat. 8. Magnam manum Germanorum conductam Rhenum transisse; hanc adfore biduo. 9. Ipsorum esse consilium, velintne priusquam finitimi sentiant eductos ex hibernis milites aut ad Ciceronem aut ad Labienum deducere, quorum alter milia passuum circiter quinquaginta, alter paulo amplius ab eis absit. 10. Illud se polliceri et iureiurando confirmare tutum iter per fines daturum; 11. quod cum faciat, et civitati sese consulere, quod hibernis levetur, et Caesari pro eius meritis gratiam referre. Hac oratione habita discedit Ambiorix.

XXVIII. 1. Arpineius et Iunius, quae audierunt, ad legatos deferunt. Illi repentina re perturbati, etsi ab hoste ea dicebantur, tamen non neglegenda existimabant maximeque hac re permovebantur, quod civitatem ignobilem atque humilem Eburonum sua sponte populo Romano bellum facere ausam vix erat credendum. 2. Itaque ad consilium rem deferunt magnaque inter eos exsistit controversia. 3. Lucius Aurunculeius compluresque tribuni militum et primorum ordinum centuriones nihil temere agendum neque ex hibernis iniussu Caesaris discedendum existimabant : quantasvis [magnas] copias etiam Germanorum sustineri posse munitis hibernis docebant : rem esse testimonio, quod primum hostium impetum multis ultro vulneribus illatis fortissime sustinuerint : re frumentaria non premi; interea et ex proximis hibernis et a Caesare conventura subsidia : postremo quid esse levius aut turpius, quam auctore hoste de summis rebus capere consilium?

XXIX. 1. Contra ea Titurius sero facturos clamitabat, cum maiores manus hostium adiunctis Germanis convenissent, aut cum aliquid calamitatis in proximis hibernis esset acceptum. Brevem consulendi esse occasionem. Caesarem arbitrari profectum in Italiam; 2. neque aliter Carnutes interficiendi Tasgeti consilium fuisse capturos, neque Eburones, si ille adesset, tanta contemptione nostri ad castra venturos esse. 3. Non hostem auctorem, sed rem spectare : subesse Rhenum; magno esse Germanis dolori Ariovisti mortem et superiores nostras victorias; 4. ardere Galliam tot contumeliis acceptis sub populi Romani imperium redactam superiore gloria rei militaris exstincta. 5. Postremo quis hoc sibi persuaderet, sine certa re Ambiorigem ad eiusmodi consilium descendisse? 6. Suam sententiam in utramque partem esse tutam : si nihil esset durius, nullo cum periculo ad proximam legionem perventuros; si Gallia omnis cum Germanis consentiret, unam esse in celeritate positam salutem. 7. Cottae quidem atque eorum, qui dissentirent, consilium quem habere exitum? In quo si non praesens periculum, at certe longinqua obsidione fames esset timenda.

XXX. 1. Hac in utramque partem disputatione habita, cum a Cotta primisque ordinibus acriter resisteretur, " Vincite," inquit, " si ita vultis," Sabinus, et id clariore voce, ut magna pars militum exaudiret; 2. "neque is sum," inquit, "qui gravissime ex vobis mortis periculo terrear : hi sapient; si gravius quid acciderit, abs te rationem reposcent, 3. qui, si per te liceat, perendino die cum proximis hibernis coniuncti communem cum reliquis belli casum sustineant, non reiecti et relegati longe ab ceteris aut ferro aut fame intereant."

XXXI. 1. Consurgitur ex consilio; comprehendunt utrumque et orant, ne sua dissensione et pertinacia rem in summum periculum deducant : 2. facilem esse rem, seu maneant, seu proficiscantur, si modo unum omnes sentiant ac probent; contra in dissensione nullam se salutem perspicere. Res disputatione ad mediam noctem perducitur. 3. Tandem dat Cotta permotus manus : superat sententia Sabini. Pronuntiatur prima luce ituros. 4. Consumitur vigiliis reliqua pars noctis, cum sua quisque miles circumspiceret, quid secum portare posset, quid ex instrumento hibernorum relinquere cogeretur. 5. Omnia excogitantur, quare nec sine periculo maneatur, et languore militum et vigiliis periculum augeatur. 6. Prima luce sic ex castris proficiscuntur, ut quibus esset persuasum non ab hoste, sed ab homine amicissimo Ambiorige consilium datum, longissimo agmine maximisque impedimentis.

XXXII. 1. At hostes, posteaquam ex nocturno fremitu vigiliisque de profectione eorum senserunt, collocatis insidiis bipertito in silvis opportuno atque occulto loco a milibus passuum circiter duobus Romanorum adventum exspectabant, 2. et cum se maior pars agminis in magnam convallem demisisset, ex utraque parte eius vallis subito se ostenderunt novissimosque premere et primos prohibere ascensu atque iniquissimo nostris loco proelium committere coeperunt.

XXXIII. 1. Tum demum Titurius, qui nihil ante providisset, trepidare et concursare cohortesque disponere, haec tamen ipsa timide atque ut eum omnia deficere viderentur; quod plerumque eis accidere consuevit, qui in ipso negotio consilium capere coguntur. 2. At Cotta, qui cogitasset haec posse in itinere accidere atque ob eam causam profectionis auctor non fuisset, nulla in re communi saluti deerat et in appellandis cohortandisque militibus imperatoris et in pugna militis officia praestabat. 3. Cum propter longitudinem agminis minus facile omnia per se obire et, quid quoque loco faciendum esset, providere possent, iusserunt pronuntiare, ut impedimenta relinquerent atque in orbem consisterent. 4. Quod consilium etsi in eiusmodi casu reprehendendum non est, tamen incommode accidit : 5. nam et nostris militibus spem minuit et hostes ad pugnam alacriores effecit, quod non sine summo timore et desperatione id factum videbatur. Praeterea accidit, quod fieri necesse erat, ut vulgo milites ab signis discederent, quae quisque eorum carissima haberet, ab impedimentis petere atque arripere properaret, clamore et fletu omnia complerentur.

XXXIV. 1. At barbaris consilium non defuit. Nam duces eorum tota acie pronuntiare iusserunt, ne quis ab loco discederet : illorum esse praedam atque illis reservari quaecumque Romani reliquissent : proinde omnia in victoria posita existimarent. 2. Erant et virtute et studio pugnandi pares; nostri, tametsi ab duce et a fortuna deserebantur, tamen omnem spem salutis in virtute ponebant, et quotiens quaeque cohors procurrerat, ab ea parte magnus numerus hostium cadebat. 3. Qua re animadversa Ambiorix pronuntiari iubet, ut procul tela coniciant neu propius accedant et, quam in partem Romani impetum fecerint, cedant (levitate armorum et cotidiana exercitatione nihil eis noceri posse), 4. rursus se ad signa recipientes insequantur.

XXXV. 1. Quo praecepto ab eis diligentissime observato, cum quaepiam cohors ex orbe excesserat atque impetum fecerat, hostes velocissime refugiebant. 2. Interim eam partem nudari necesse erat et ab latere aperto tela recipi. 3. Rursus cum in eum locum unde erant egressi reverti coeperant, et ab eis qui cesserant et ab eis qui proximi steterant circumveniebantur; 4. sin autem locum tenere vellent, nec virtuti locus relinquebatur, neque ab tanta multitudine coniecta tela conferti vitare poterant. 5. Tamen tot incommodis conflictati, multis vulneribus acceptis resistebant et magna parte diei consumpta, cum a prima luce ad horam octavam pugnaretur, nihil quod ipsis esset indignum committebant. 6. Tum Tito Balventio, qui superiore anno primum pilum duxerat, viro forti et magnae auctoritatis, utrumque femur tragula traicitur; 7. Quintus Lucanius, eiusdem ordinis, fortissime pugnans, dum circumvento filio subvenit, interficitur; 8. Lucius Cotta legatus omnes cohortes ordinesque adhortans in adversum os funda vulneratur.

XXXVI. 1. His rebus permotus Quintus Titurius, cum procul Ambiorigem suos cohortantem conspexisset, interpretem suum Gnaeum Pompeium ad eum mittit rogatum ut sibi militibusque parcat. 2. Ille appellatus respondit : si velit secum colloqui, licere; sperare a multitudine impetrari posse, quod ad militum salutem pertineat; ipsi vero nihil nocitum iri, inque eam rem se suam fidem interponere. Ille cum Cotta saucio communicat, 3. si videatur, pugna ut excedant et cum Ambiorige una colloquantur : sperare ab eo de sua ac militum salute impetrari posse. Cotta se ad armatum hostem iturum negat atque in eo perseverat.

XXXVII. 1. Sabinus quos in praesentia tribunos militum circum se habebat et primorum ordinum centuriones se sequi iubet et, cum propius Ambiorigem accessisset, iussus arma abicere imperatum facit suisque ut idem faciant imperat. 2. Interim, dum de condicionibus inter se agunt longiorque consulto ab Ambiorige instituitur sermo, paulatim circumventus interficitur. 3. Tum vero suo more victoriam conclamant atque ululatum tollunt impetuque in nostros facto ordines perturbant. 4. Ibi Lucius Cotta pugnans interficitur cum maxima parte militum. Reliqui se in castra recipiunt unde erant egressi; 5. ex quibus Lucius Petrosidius aquilifer, cum magna multitudine hostium premeretur, aquilam intra vallum proiecit; ipse pro castris fortissime pugnans occiditur. Illi aegre ad noctem oppugnationem sustinent; 6. noctu ad unum omnes desperata salute se ipsi interficiunt. 7. Pauci ex proelio lapsi incertis itineribus per silvas ad Titum Labienum legatum in hiberna perveniunt atque eum de rebus gestis certiorem faciunt.

XXXVIII. 1. Hac victoria sublatus Ambiorix statim cum equitatu in Aduatucos, qui erant eius regno finitimi, proficiscitur; neque noctem neque diem intermittit peditatumque se subsequi iubet. 2. Re demonstrata Aduatucisque concitatis postero die in Nervios pervenit hortaturque, ne sui in perpetuum liberandi atque ulciscendi Romanos pro eis quas acceperint iniuriis occasionem dimittant : 3. interfectos esse legatos duos magnamque partem exercitus interisse demonstrat; 4. nihil esse negoti subito oppressam legionem quae cum Cicerone hiemet interfici; se ad eam rem profitetur adiutorem. Facile hac oratione Nerviis persuadet.

XXXIX. 1. Itaque confestim dimissis nuntiis ad Ceutrones, Grudios, Levacos, Pleumoxios, Geidumnos, qui omnes sub eorum imperio sunt, quam maximas manus possunt cogunt et de improviso ad Ciceronis hiberna advolant nondum ad eum fama de Tituri morte perlata. 2. Huic quoque accidit, quod fuit necesse, ut nonnulli milites, qui lignationis munitionisque causa in silvas discessissent, repentino equitum adventu interciperentur. 3. His circumventis magna manu Eburones, Nervii, Aduatuci atque horum omnium socii et clientes legionem oppugnare incipiunt. Nostri celeriter ad arma concurrunt, vallum conscendunt. 4. Aegre is dies sustentatur, quod omnem spem hostes in celeritate ponebant atque hanc adepti victoriam in perpetuum se fore victores confidebant.

XL. 1. Mittuntur ad Caesarem confestim ab Cicerone litterae magnis propositis praemiis, si pertulissent : obsessis omnibus viis missi intercipiuntur. 2. Noctu ex materia, quam munitionis causa comportaverant, turres admodum CXX excitantur incredibili celeritate; quae deesse operi videbantur, perficiuntur. 3. Hostes postero die multo maioribus coactis copiis castra oppugnant, fossam complent. Eadem ratione, qua pridie, ab nostris resistitur : 4. hoc idem reliquis deinceps fit diebus. 5. Nulla pars nocturni temporis ad laborem intermittitur; non aegris, non vulneratis facultas quietis datur. 6. Quaecumque ad proximi diei oppugnationem opus sunt noctu comparantur; multae praeustae sudes, magnus muralium pilorum numerus instituitur; turres contabulantur, pinnae loricaeque ex cratibus attexuntur. 7. Ipse Cicero, cum tenuissima valetudine esset, ne nocturnum quidem sibi tempus ad quietem relinquebat, ut ultro militum concursu ac vocibus sibi parcere cogeretur.

XLI. 1. Tunc duces principesque Nerviorum qui aliquem sermonis aditum causamque amicitiae cum Cicerone habebant colloqui sese velle dicunt. 2. Facta potestate eadem quae Ambiorix cum Titurio egerat commemorant : omnem esse in armis Galliam; 3. Germanos Rhenum transisse; Caesaris reliquorumque hiberna oppugnari. 4. Addunt etiam de Sabini morte : Ambiorigem ostentant fidei faciendae causa. 5. Errare eos dicunt, si quidquam ab his praesidi sperent, qui suis rebus diffidant; sese tamen hoc esse in Ciceronem populumque Romanum animo, ut nihil nisi hiberna recusent atque hanc inveterascere consuetudinem nolint : 6. licere illis incolumibus per se ex hibernis discedere et quascumque in partes velint sine metu proficisci. 7. Cicero ad haec unum modo respondit : non esse consuetudinem populi Romani accipere ab hoste armato condicionem : 8. si ab armis discedere velint, se adiutore utantur legatosque ad Caesarem mittant; sperare pro eius iustitia, quae petierint, impetraturos.

XLII. 1. Ab hac spe repulsi Nervii vallo pedum IX et fossa pedum XV hiberna cingunt. 2. Haec et superiorum annorum consuetudine ab nobis cognoverant et, quosdam de exercitu habebant captivos, ab eis docebantur; 3. sed nulla ferramentorum copia quae esset ad hunc usum idonea, gladiis caespites circumcidere, manibus sagulisque terram exhaurire nitebantur. 4. Qua quidem ex re hominum multitudo cognosci potuit : nam minus horis tribus milium pedum XV in circuitu munitionem perfecerunt 5. reliquisque diebus turres ad altitudinem valli, falces testudinesque, quas idem captivi docuerant, parare ac facere coeperunt.

XLIII. 1. Septimo oppugnationis die maximo coorto vento ferventes fusili ex argilla glandes fundis et fervefacta iacula in casas, quae more Gallico stramentis erant tectae, iacere coeperunt. 2. Hae celeriter ignem comprehenderunt et venti magnitudine in omnem locum castrorum distulerunt. 3. Hostes maximo clamore sicuti parta iam atque explorata victoria turres testudinesque agere et scalis vallum ascendere coeperunt. 4. At tanta militum virtus atque ea praesentia animi fuit, ut, cum undique flamma torrerentur maximaque telorum multitudine premerentur suaque omnia impedimenta atque omnes fortunas conflagrare intellegerent, non modo demigrandi causa de vallo decederet nemo, sed paene ne respiceret quidem quisquam, ac tum omnes acerrime fortissimeque pugnarent. 5. Hic dies nostris longe gravissimus fuit; sed tamen hunc habuit eventum, ut eo die maximus numerus hostium vulneraretur atque interficeretur, ut se sub ipso vallo constipaverant recessumque primis ultimi non dabant. 6. Paulum quidem intermissa flamma et quodam loco turri adacta et contingente vallum tertiae cohortis centuriones ex eo, quo stabant, loco recesserunt suosque omnes removerunt, nutu vocibusque hostes, si introire vellent, vocare coeperunt; quorum progredi ausus est nemo. 7. Tum ex omni parte lapidibus coniectis deturbati, turrisque succensa est.

XLIV. 1. Erant in ea legione fortissimi viri, centuriones, qui primis ordinibus appropinquarent, Titus Pullo et Lucius Vorenus. 2. Hi perpetuas inter se controversias habebant, quinam anteferretur, omnibusque annis de locis summis simultatibus contendebant. 3. Ex his Pullo, cum acerrime ad munitiones pugnaretur, "Quid dubitas," inquit, " Vorene? aut quem locum tuae probandae virtutis exspectas? 4. Hic dies de nostris controversiis iudicabit." Haec cum dixisset, procedit extra munitiones quaque pars hostium confertissma est visa irrumpit. 5. Ne Vorenus quidem tum sese vallo continet, sed omnium veritus existimationem subsequitur. 6. Mediocri spatio relicto Pullo pilum in hostes immittit atque unum ex multitudine procurrentem traicit; quo percusso et exanimato hunc scutis protegunt, in hostem tela universi coniciunt neque dant regrediendi facultatem. 7. Transfigitur scutum Pulloni et verutum in balteo defigitur. 8. Avertit hic casus vaginam et gladium educere conanti dextram moratur manum, impeditumque hostes circumsistunt. 9. Succurrit inimicus illi Vorenus et laboranti subvenit. 10. Ad hunc se confestim a Pullone omnis multitudo convertit : 11. illum veruto arbitrantur occisum. Gladio comminus rem gerit Vorenus atque uno interfecto reliquos paulum propellit; 12. dum cupidius instat, in locum deiectus inferiorem concidit. Huic rursus circumvento fert subsidium Pullo, 13. atque ambo incolumes compluribus interfectis summa cum laude sese intra munitiones recipiunt. 14. Sic fortuna in contentione et certamine utrumque versavit, ut alter alteri inimicus auxilio salutique esset, neque diiudicari posset, uter utri virtute anteferendus videretur.

XLV. 1. Quanto erat in dies gravior atque asperior oppugnatio, et maxime quod magna parte militum confecta vulneribus res ad paucitatem defensorum pervenerat, tanto crebriores litterae nuntiique ad Caesarem mittebantur; quorum pars deprehensa in conspectu nostrorum militum cum cruciatu necabatur. 2. Erat unus intus Nervius nomine Vertico, loco natus honesto, qui a prima obsidione ad Ciceronem perfugerat suamque ei fidem praestiterat. 3. Hic servo spe libertatis magnisque persuadet praemiis, ut litteras ad Caesarem deferat. 4. Has ille in iaculo illigatas effert et Gallus inter Gallos sine ulla suspicione versatus ad Caesarem pervenit. 5. Ab eo de periculis Ciceronis legionisque cognoscitur.

XLVI. 1. Caesar acceptis litteris hora circiter XI diei statim nuntium in Bellovacos ad M. Crassum quaestorem mittit, cuius hiberna aberant ab eo milia passuum XXV; 2. iubet media nocte legionem proficisci celeriterque ad se venire. 3. Exit cum nuntio Crassus. Alterum ad Gaium Fabium legatum mittit, ut in Atrebatium fines legionem adducat, qua sibi iter faciendum sciebat. 4. Scribit Labieno, si rei publicae commodo facere posset, cum legione ad fines Nerviorum veniat. Reliquam partem exercitus, quod paulo aberat longius, non putat exspectandam; equites circiter quadringentos ex proximis hibernis colligit.

XLVII. 1. Hora circiter tertia ab antecursoribus de Crassi adventu certior factus eo die milia passuum XX procedit. 2. Crassum Samarobrivae praeficit legionemque attribuit, quod ibi impedimenta exercitus, obsides civitatum, litteras publicas frumentumque omne quod eo tolerandae hiemis causa devexerat relinquebat. 3. Fabius, ut imperatum erat, non ita multum moratus in itinere cum legione occurrit. 4. Labienus interitu Sabini et caede cohortium cognita, cum omnes ad eum Treverorum copiae venissent, veritus, si ex hibernis fugae similem profectionem fecisset, ut hostium impetum sustinere posset, praesertim quos recenti victoria efferri sciret, litteras Caesari remittit, quanto cum periculo legionem ex hibernis educturus esset; rem gestam in Eburonibus perscribit; docet omnes equitatus peditatusque copias Treverorum tria milia passuum longe ab suis castris consedisse.

XLVIII. 1. Caesar consilio eius probato, etsi opinione trium legionum deiectus ad duas redierat, tamen unum communis salutis auxilium in celeritate ponebat. Venit magnis itineribus in Nerviorum fines. 2. Ibi ex captivis cognoscit, quae apud Ciceronem gerantur, quantoque in periculo res sit. 3. Tum cuidam ex equitibus Gallis magnis praemiis persuadet uti ad Ciceronem epistolam deferat. 4. Hanc Graecis conscriptam litteris mittit, ne intercepta epistola nostra ab hostibus consilia cognoscantur. 5. Si adire non possit, monet ut tragulam cum epistola ad amentum deligata intra munitionem castrorum abiciat. 6. In litteris scribit se cum legionibus profectum celeriter adfore; hortatur ut pristinam virtutem retineat. 7. Gallus periculum veritus, ut erat praeceptum, tragulam mittit. 8. Haec casu ad turrim adhaesit neque ab nostris biduo animadversa tertio die a quodam milite conspicitur, dempta ad Ciceronem defertur. 9. Ille perlectam in conventu militum recitat maximaque omnes laetitia adficit. 10. Tum fumi incendiorum procul videbantur; quae res omnem dubitationem adventus legionum expulit.

XLIX. 1. Galli re cognita per exploratores obsidionem relinquunt, ad Caesarem omnibus copiis contendunt. Hae erant armata circiter milia LX. 2. Cicero data facultate Gallum ab eodem Verticone, quem supra demonstravimus, repetit, qui litteras ad Caesarem deferat; hunc admonet, iter caute diligenterque faciat : 3. perscribit in litteris hostes ab se discessisse omnemque ad eum multitudinem convertisse. 4. Quibus litteris circiter media nocte Caesar adlatis suos facit certiores eosque ad dimicandum animo confirmat. 5. Postero die luce prima movet castra et circiter milia passuum quattuor progressus trans vallem et rivum multitudinem hostium conspicatur. 6. Erat magni periculi res tantulis copiis iniquo loco dimicare; tum, quoniam obsidione liberatum Ciceronem sciebat, aequo animo remittendum de celeritate existimabat : 7. consedit et quam aequissimo loco potest castra communit atque haec, etsi erant exigua per se vix hominum milium septem praesertim nullis cum impedimentis, tamen angustiis viarum quam maxime potest contrahit, eo consilio, ut in summam contemptionem hostibus veniat. 8. Interim speculatoribus in omnes partes dimissis explorat quo commodissime itinere vallem transire possit.

L. 1. Eo die parvulis equestribus proeliis ad aquam factis utrique sese suo loco continent : 2. Galli, quod ampliores copias, 3. quae nondum convenerant, exspectabant; Caesar, si forte timoris simulatione hostes in suum locum elicere posset, ut citra vallem pro castris proelio contenderet, si id efficere non posset, 4. ut exploratis itineribus minore cum periculo vallem rivumque transiret. Prima luce hostium equitatus ad castra accedit proeliumque cum nostris equitibus committit. 5. Caesar consulto equites cedere seque in castra recipere iubet, simul ex omnibus partibus castra altiore vallo muniri portasque obstrui atque in his administrandis rebus quam maxime concursari et cum simulatione agi timoris iubet.

LI. 1. Quibus omnibus rebus hostes invitati copias traducunt aciemque iniquo loco constituunt, nostris vero etiam de vallo deductis propius accedunt et tela intra munitionem ex omnibus partibus coniciunt 2. praeconibusque circummissis pronuntiari iubent, seu quis Gallus seu Romanus velit ante horam tertiam ad se transire, sine periculo licere; post id tempus non fore potestatem : 3. ac sic nostros contempserunt, ut obstructis in speciem portis singulis ordinibus caespitum, quod ea non posse introrumpere videbantur, alii vallum manu scindere, alii fossas complere inciperent. 4. Tum Caesar omnibus portis eruptione facta equitatuque emisso celeriter hostes in fugam dat, sic uti omnino pugnandi causa resisteret nemo, magnumque ex eis numerum occidit atque omnes armis exuit.

LII. 1. Longius prosequi veritus, quod silvae paludesque intercedebant neque etiam parvulo detrimento illorum locum relinqui videbat, omnibus suis incolumibus copiis eodem die ad Ciceronem pervenit. 2. Institutas turres, testudines munitionesque hostium admiratur; legione producta cognoscit non decimum quemque esse reliquum militem sine vulnere : 3. ex his omnibus iudicat rebus, quanto cum periculo et quanta cum virtute res sint administratae. 4. Ciceronem pro eius merito legionemque collaudat; centuriones singillatim tribunosque militum appellat, quorum egregiam fuisse virtutem testimonio Ciceronis cognoverat. De casu Sabini et Cottae certius ex captivis cognoscit. 5. Postero die contione habita rem gestam proponit, milites consolatur et confirmat : 6. quod detrimentum culpa et temeritate legati sit acceptum, hoc aequiore animo ferendum docet, quod beneficio deorum immortalium et virtute eorum expiato incommodo neque hostibus diutina laetatio neque ipsis longior dolor relinquatur.

LIII. 1. Interim ad Labienum per Remos incredibili celeritate de victoria Caesaris fama perfertur, ut, cum ab hibernis Ciceronis milia passuum abesset circiter LX, eoque post horam nonam diei Caesar pervenisset, ante mediam noctem ad portas castrorum clamor oreretur, quo clamore significatio victoriae gratulatioque ab Remis Labieno fieret. 2. Hac fama ad Treveros perlata Indutiomarus, qui postero die castra Labieni oppugnare decreverat, noctu profugit copiasque omnes in Treveros reducit. 3. Caesar Fabium cum sua legione remittit in hiberna, ipse cum tribus legionibus circum Samarobrivam trinis hibernis hiemare constituit et, quod tanti motus Galliae exstiterant, totam hiemem ipse ad exercitum manere decrevit. 4. Nam illo incommodo de Sabini morte perlato omnes fere Galliae civitates de bello consultabant, nuntios legationesque in omnes partes dimittebant et quid reliqui consili caperent atque unde initium belli fieret explorabant nocturnaque in locis desertis concilia habebant. 5. Neque ullum fere totius hiemis tempus sine sollicitudine Caesaris intercessit, quin aliquem de consiliis ac motu Gallorum nuntium acciperet. 6. In his ab Lucio Roscio, quem legioni tertiae decimae praefecerat, certior factus est magnas Gallorum copias earum civitatum, quae Armoricae appellantur, oppugnandi sui causa convenisse 7. neque longius milia passuum octo ab hibernis suis afuisse, sed nuntio allato de victoria Caesaris discessisse, adeo ut fugae similis discessus videretur.

LIV. 1. At Caesar principibus cuiusque civitatis ad se evocatis alias territando, cum se scire quae fierent denuntiaret, alias cohortando magnam partem Galliae in officio tenuit. 2. Tamen Senones, quae est civitas in primis firma et magnae inter Gallos auctoritatis, Cavarinum, quem Caesar apud eos regem constituerat, cuius frater Moritasgus adventu in Galliam Caesaris cuiusque maiores regnum obtinuerant, interficere publico consilio conati, cum ille praesensisset ac profugisset, usque ad fines insecuti 3. regno domoque expulerunt et, missis ad Caesarem satisfaciendi causa legatis, cum is omnem ad se senatum venire iussisset, dicto audientes non fuerunt. 4. Ac tantum apud homines barbaros valuit esse aliquos repertos principes inferendi belli tantamque omnibus voluntatum commutationem attulit, ut praeter Aeduos et Remos, quos praecipuo semper honore Caesar habuit, alteros pro vetere ac perpetua erga populum Romanum fide, alteros pro recentibus Gallici belli officiis, nulla fere civitas fuerit non suspecta nobis. 5. Idque adeo haud scio mirandumne sit, cum compluribus aliis de causis, tum maxime quod ei, qui virtute belli omnibus gentibus praeferebantur, tantum se eius opinionis deperdidisse ut a populo Romano imperia perferrent gravissime dolebant.

LV. 1. Treveri vero atque Indutiomarus totius hiemis nullum tempus intermiserunt, quin trans Rhenum legatos mitterent, civitates sollicitarent, pecunias pollicerentur, magna parte exercitus nostri interfecta multo minorem superesse dicerent partem. 2. Neque tamen ulli civitati Germanorum persuaderi potuit, ut Rhenum transiret, cum se bis expertos dicerent, Ariovisti bello et Tencterorum transitu : non esse amplius fortunam temptaturos. Hac spe lapsus Indutiomarus nihilo minus copias cogere, 3. exercere, a finitimis equos parare, exules damnatosque tota Gallia magnis praemiis ad se allicere coepit. 4. Ac tantam sibi iam his rebus in Gallia auctoritatem comparaverat ut undique ad eum legationes concurrerent, gratiam atque amicitiam publice privatimque peterent.

LVI. 1. Vbi intellexit ultro ad se veniri, altera ex parte Senones Carnutesque conscientia facinoris instigari, altera Nervios Aduatucosque bellum Romanis parare, neque sibi voluntariorum copias defore, si ex finibus suis progredi coepisset, armatum concilium indicit. Hoc more Gallorum est initium belli, 2. quo lege communi omnes puberes armati convenire consuerunt; qui ex eis novissimus convenit, in conspectu multitudinis omnibus cruciatibus affectus necatur. 3. In eo concilio Cingetorigem, alterius principem factionis, generum suum, quem supra demonstravimus Caesaris secutum fidem ab eo non discessisse, hostem iudicat bonaque eius publicat. 4. His rebus confectis, in concilio pronuntiat accersitum se a Senonibus et Carnutibus aliisque compluribus Galliae civitatibus; 5. huc iturum per fines Remorum eorumque agros popula turum ac, priusquam id faciat, castra Labieni oppugnaturum. Quae fieri velit praecipit.

LVII. 1. Labienus, cum et loci natura et manu munitissumis castris sese teneret, de suo ac legionis periculo nihil timebat; ne quam occasionem rei bene gerendae dimitteret, cogitabat. 2. Itaque a Cingetorige atque eius propinquis oratione Indutiomari cognita, quam in concilio habuerat, nuntios mittit ad finitimas civitates equitesque undique evocat : his certum diem conveniendi dicit. 3. Interim prope cotidie cum omni equitatu Indutiomarus sub castris eius vagabatur, alias ut situm castrorum cognosceret, alias colloquendi aut territandi causa : equites plerumque omnes tela intra vallum coniciebant. 4. Labienus suos intra munitionem continebat timorisque opinionem, quibuscumque poterat rebus, augebat.

LVIII. 1. Cum maiore in dies contemptione Indutiomarus ad castra accederet, nocte una intromissis equitibus omnium finitimarum civitatum quos arcessendos curaverat, tanta diligentia omnes suos custodiis intra castra continuit, ut nulla ratione ea res enuntiari aut ad Treveros perferri posset. 2. Interim ex consuetudine cotidiana Indutiomarus ad castra accedit atque ibi magnam partem diei consumit; equites tela coniciunt et magna cum contumelia verborum nostros ad pugnam evocant. 3. Nullo ab nostris dato responso, ubi visum est, sub vesperum dispersi ac dissipati discedunt. 4. Subito Labienus duabus portis omnem equitatum emittit; praecipit atque interdicit, proterritis hostibus atque in fugam coniectis (quod fore, sicut accidit, videbat) unum omnes peterent Indutiomarum, neu quis quem prius vulneret, quam illum interfectum viderit, quod mora reliquorum spatium nactum illum effugere nolebat; magna proponit eis qui occiderint praemia; 5. summittit cohortes equitibus subsidio. 6. Comprobat hominis consilium fortuna, et cum unum omnes peterent, in ipso fluminis vado deprehensus Indutiomarus interficitur, caputque eius refertur in castra: redeuntes equites quos possunt consectantur atque occidunt. 7. Hac re cognita omnes Eburonum et Nerviorum quae convenerant copiae discedunt, pauloque habuit post id factum Caesar quietiorem Galliam.

Commentarius Sextus

I. 1. Multis de causis Caesar maiorem Galliae motum exspectans per Marcum Silanum, Gaium Antistium Reginum, Titum Sextium legatos delectum habere instituit. 2. Simul ab Gnaeo Pompeio proconsule petit, quoniam ipse ad urbem cum imperio rei publicae causa remaneret, quos ex Cisalpina Gallia consulis sacramento rogavisset, 3. ad signa convenire et ad se proficisci iuberet, magni interesse etiam in reliquum tempus ad opinionem Galliae existimans tantas videri Italiae facultates ut, si quid esset in bello detrimenti acceptum, non modo id brevi tempore sarciri, sed etiam maioribus augeri copiis posset. 4. Quod cum Pompeius et rei publicae et amicitiae tribuisset, celeriter confecto per suos dilectu tribus ante exactam hiemem et constitutis et adductis legionibus duplicatoque earum cohortium numero, quas cum Quinto Titurio amiserat, et celeritate et copiis docuit, quid populi Romani disciplina atque opes possent.

II. 1. Interfecto Indutiomaro, ut docuimus, ad eius propinquos a Treveris imperium defertur. Illi finitimos Germanos sollicitare et pecuniam polliceri non desistunt. Cum ab proximis impetrare non possent, 2. ulteriores temptant. Inventis nonnullis civitatibus iureiurando inter se confirmant obsidibusque de pecunia cavent : Ambiorigem sibi societate et foedere adiungunt. 3. Quibus rebus cognitis Caesar, cum undique bellum parari videret, Nervios, Aduatucos ac Menapios adiunctis Cisrhenanis omnibus Germanis esse in armis, Senones ad imperatum non venire et cum Carnutibus finitimisque civitatibus consilia communicare, a Treveris Germanos crebris legationibus sollicitari, maturius sibi de bello cogitandum putavit.

III. 1. Itaque nondum hieme confecta proximis quattuor coactis legionibus de improviso in fines Nerviorum contendit et, 2. priusquam illi aut convenire aut profugere possent, magno pecoris atque hominum numero capto atque ea praeda militibus concessa vastatisque agris in deditionem venire atque obsides sibi dare coegit. 3. Eo celeriter confecto negotio rursus in hiberna legiones reduxit. 4. Concilio Galliae primo vere, ut instituerat, indicto, cum reliqui praeter Senones, Carnutes Treverosque venissent, initium belli ac defectionis hoc esse arbitratus, ut omnia postponere videretur, concilium Lutetiam Parisiorum transfert. 5. Confines erant hi Senonibus civitatemque patrum memoria coniunxerant, sed ab hoc consilio afuisse existimabantur. 6. Hac re pro suggestu pronuntiata eodem die cum legionibus in Senones proficiscitur magnisque itineribus eo pervenit.

IV. 1. Cognito eius adventu Acco, qui princeps eius consili fuerat, iubet in oppida multitudinem convenire. Conantibus, priusquam id effici posset, adesse Romanos nuntiatur. 2. Necessario sententia desistunt legatosque deprecandi causa ad Caesarem mittunt : adeunt per Aeduos, quorum antiquitus erat in fide civitas. 3. Libenter Caesar petentibus Aeduis dat veniam excusationemque accipit, quod aestivum tempus instantis belli, non quaestionis esse arbitrabatur. 4. Obsidibus imperatis centum hos Aeduis custodiendos tradit. 5. Eodem Carnutes legatos obsidesque mittunt usi deprecatoribus Remis, quorum erant in clientela : eadem ferunt responsa. 6. Peragit concilium Caesar equitesque imperat civitatibus.

V. 1. Hac parte Galliae pacata totus et mente et animo in bellum Treverorum et Ambiorigis insistit. 2. Cavarinum cum equitatu Senonum secum proficisci iubet, ne quis aut ex huius iracundia aut ex eo, quod meruerat, odio civitatis motus exsistat. 3. His rebus constitutis, quod pro explorato habebat Ambiorigem proelio non esse concertaturum, reliqua eius consilia animo circumspiciebat. 4. Erant Menapii propinqui Eburonum finibus, perpetuis paludibus silvisque muniti, qui uni ex Gallia de pace ad Caesarem legatos numquam miserant. Cum his esse hospitium Ambiorigi sciebat ; item per Treveros venisse Germanis in amicitiam cognoverat. 5. Haec prius illi detrahenda auxilia existimabat quam ipsum bello lacesseret, ne desperata salute aut se in Menapios abderet aut cum Transrhenanis congredi cogeretur. 6. Hoc inito consilio totius exercitus impedimenta ad Labienum in Treveros mittit duasque legiones ad eum proficisci iubet; ipse cum legionibus expeditis quinque in Menapios proficiscitur. 7. Illi nulla coacta manu loci praesidio freti in silvas paludesque confugiunt suaque eodem conferunt.

VI. 1. Caesar partitis copiis cum Gaio Fabio legato et Marco Crasso quaestore celeriterque effectis pontibus adit tripertito, aedificia vicosque incendit, magno pecoris atque hominum numero potitur. 2. Quibus rebus coacti Menapii legatos ad eum pacis petendae causa mittunt. 3. Ille obsidibus acceptis hostium se habiturum numero confirmat, si aut Ambiorigem aut eius legatos finibus suis recepissent. His confirmatis rebus Commium Atrebatem cum equitatu custodis loco in Menapiis relinquit; ipse in Treveros proficiscitur.

VII. 1. Dum haec a Caesare geruntur, Treveri magnis coactis peditatus equitatusque copiis Labienum cum una legione, quae in eorum finibus hiemaverat, adoriri parabant. 2. Iamque ab eo non longius bidui via aberant, cum duas venisse legiones missu Caesaris cognoscunt. 3. Positis castris a milibus passuum XV auxilia Germanorum exspectare constituunt. 4. Labienus hostium cognito consilio sperans temeritate eorum fore aliquam dimicandi facultatem praesidio quinque cohortium impedimentis relicto cum viginti quinque cohortibus magnoque equitatu contra hostem proficiscitur et mille passuum intermisso spatio castra communit. 5. Erat inter Labienum atque hostem difficili transitu flumen ripisque praeruptis. Hoc neque ipse transire habebat in animo neque hostes transituros existimabat. 6. Augebatur auxiliorum cotidie spes. Loquitur in concilio palam, quoniam Germani appropinquare dicantur, sese suas exercitusque fortunas in dubium non devocaturum et postero die prima luce castra moturum. Celeriter haec ad hostes deferuntur, 7. ut ex magno Gallorum equitum numero nonnullos Gallicis rebus favere natura cogebat. 8. Labienus noctu tribunis militum primisque ordinibus convocatis, quid sui sit consili proponit et, quo facilius hostibus timoris det suspicionem, maiore strepitu et tumultu, quam populi Romani fert consuetudo castra moveri iubet. His rebus fugae similem profectionem effecit.

9. Haec quoque per exploratores ante lucem in tanta propinquitate castrorum ad hostes deferuntur.

VIII. 1. Vix agmen novissimum extra munitiones processerat, cum Galli cohortati inter se, ne speratam praedam ex manibus dimitterent–longum esse perterritis Romanis Germanorum auxilium exspectare, neque suam pati dignitatem ut tantis copiis tam exiguam manum praesertim fugientem atque impeditam adoriri non audeant–flumen transire et iniquo loco committere proelium non dubitant. 2. Quae fore suspicatus Labienus, ut omnes citra flumen eliceret, eadem usus simulatione itineris placide progrediebatur. 3. Tum praemissis paulum impedimentis atque in tumulo quodam collocatis "Habetis," inquit, "milites, quam petistis facultatem : hostem impedito atque iniquo loco tenetis : 4. praestate eandem nobis ducibus virtutem, quam saepe numero imperatori praestitistis, atque illum adesse et haec coram cernere existimate." 5. Simul signa ad hostem converti aciemque dirigi iubet, et paucis turmis praesidio ad impedimenta dimissis reliquos equites ad latera disponit. 6. Celeriter nostri clamore sublato pila in hostes immittunt. Illi, ubi praeter spem quos fugere credebant infestis signis ad se ire viderunt, impetum modo ferre non potuerunt ac primo concursu in fugam coniecti proximas silvas petierunt. 7. Quos Labienus equitatu consectatus, magno numero interfecto, compluribus captis, paucis post diebus civitatem recepit. Nam Germani qui auxilio veniebant percepta Treverorum fuga sese domum receperunt. 8. Cum his propinqui Indutiomari, qui defectionis auctores fuerant, comitati eos ex civitate excesserunt. 9. Cingetorigi, quem ab initio permansisse in officio demonstravimus, principatus atque imperium est traditum.

IX. 1. Caesar, postquam ex Menapiis in Treveros venit, duabus de causis Rhenum transire constituit; quarum una erat, quod auxilia contra se Treveris miserant, 2. altera, ne ad eos Ambiorix receptum haberet. 3. His constitutis rebus paulum supra eum locum quo ante exercitum traduxerat facere pontem instituit. 4. Nota atque instituta ratione magno militum studio paucis diebus opus efficitur. 5. Firmo in Treveris ad pontem praesidio relicto, ne quis ab his subito motus oreretur, reliquas copias equitatumque traducit. 6. Vbii, qui ante obsides dederant atque in deditionem venerant, purgandi sui causa ad eum legatos mittunt, qui doceant neque auxilia ex sua civitate in Treveros missa neque ab se fidem laesam : 7. petunt atque orant ut sibi parcat, ne communi odio Germanorum innocentes pro nocentibus poenas pendant; si amplius obsidum vellet, dare pollicentur. 8. Cognita Caesar causa reperit ab Suebis auxilia missa esse; Vbiorum satisfactionem accipit, aditus viasque in Suebos perquirit.

X. 1. Interim paucis post diebus fit ab Vbiis certior Suebos omnes in unum locum copias cogere atque eis nationibus quae sub eorum sint imperio denuntiare, ut auxilia peditatus equitatusque mittant. 2. His cognitis rebus rem frumentariam providet, castris idoneum locum deligit ; Vbiis imperat ut pecora deducant suaque omnia ex agris in oppida conferant, sperans barbaros atque imperitos homines inopia cibariorum adductos ad iniquam pugnandi condicionem posse deduci ; 3. mandat, ut crebros exploratores in Suebos mittant quaeque apud eos gerantur cognoscant. 4. Illi imperata faciunt et paucis diebus intermissis referunt : Suebos omnes, posteaquam certiores nuntii de exercitu Romanorum venerint, cum omnibus suis sociorumque copiis, quas coegissent, penitus ad extremos fines se recepisse : 5. silvam esse ibi infinita magnitudine, quae appellatur Bacenis; hanc longe introrsus pertinere et pro nativo muro obiectam Cheruscos ab Suebis Suebosque ab Cheruscis iniuriis incursionibusque prohibere : ad eius initium silvae Suebos adventum Romanorum exspectare constituisse.

XI. 1. Quoniam ad hunc locum perventum est, non alienum esse videtur de Galliae Germaniaeque moribus et quo differant hae nationes inter sese proponere. 2. In Gallia non solum in omnibus civitatibus atque in omnibus pagis partibusque, sed paene etiam in singulis domibus factiones sunt, earumque factionum principes sunt 3. qui summam auctoritatem eorum iudicio habere existimantur, quorum ad arbitrium iudiciumque summa omnium rerum consiliorumque redeat. 4. Itaque eius rei causa antiquitus institutum videtur, ne quis ex plebe contra potentiorem auxili egeret : suos enim quisque opprimi et circumveniri non patitur, neque, aliter si faciat, ullam inter suos habet auctoritatem. 5. Haec eadem ratio est in summa totius Galliae : namque omnes civitates in partes divisae sunt duas.

XII. 1. Cum Caesar in Galliam venit, alterius factionis principes erant Aedui, alterius Sequani. 2. Hi cum per se minus valerent, quod summa auctoritas antiquitus erat in Aeduis magnaeque eorum erant clientelae, Germanos atque Ariovistum sibi adiunxerant eosque ad se magnis iacturis pollicitationibusque perduxerant. 3. Proeliis vero compluribus factis secundis atque omni nobilitate Aeduorum interfecta tantum potentia antecesserant, 4. ut magnam partem clientium ab Aeduis ad se traducerent obsidesque ab eis principum filios acciperent et publice iurare cogerent nihil se contra Sequanos consili inituros et partem finitimi agri per vim occupatam possiderent Galliaeque totius principatum obtinerent. 5. Qua necessitate adductus Diviciacus auxili petendi causa Romam ad senatum profectus infecta re redierat. 6. Adventu Caesaris facta commutatione rerum, obsidibus Aeduis redditis, veteribus clientelis restitutis, novis per Caesarem comparatis, quod hi, qui se ad eorum amicitiam adgregaverant, 7. meliore condicione atque aequiore imperio se uti videbant, reliquis rebus eorum gratia dignitateque amplificata Sequani principatum dimiserant. In eorum locum Remi successerant : quos quod adaequare apud Caesarem gratia intellegebatur, ei, qui propter veteres inimicitias nullo modo cum Aeduis coniungi poterant, se Remis in clientelam dicabant. 8. Hos illi diligenter tuebantur : ita et novam et repente collectam auctoritatem tenebant. 9. Eo tum statu res erat, ut longe principes haberentur Aedui, secundum locum dignitatis Remi obtinerent.

XIII. 1. In omni Gallia eorum hominum, qui aliquo sunt numero atque honore, genera sunt duo. Nam plebes paene servorum habetur loco, quae nihil audet per se, nullo adhibetur consilio. 2. Plerique, cum aut aere alieno aut magnitudine tributorum aut iniuria potentiorum premuntur, sese in servitutem dicant nobilibus : in hos eadem omnia sunt iura, quae dominis in servos. 3. Sed de his duobus generibus alterum est druidum, alterum equitum. 4. Illi rebus divinis intersunt, sacrificia publica ac privata procurant, religiones interpretantur : ad hos magnus adulescentium numerus disciplinae causa concurrit, magnoque hi sunt apud eos honore. 5. Nam fere de omnibus controversiis publicis privatisque constituunt, et, si quod est admissum facinus, si caedes facta, si de hereditate, de finibus controversia est, idem decernunt, praemia poenasque constituunt ; 6. si qui aut privatus aut populus eorum decreto non stetit, sacrificiis interdicunt. Haec poena apud eos est gravissima. 7. Quibus ita est interdictum, hi numero impiorum ac sceleratorum habentur, his omnes decedunt, aditum sermonemque defugiunt, ne quid ex contagione incommodi accipiant, neque his petentibus ius redditur neque honos ullus communicatur. 8. His autem omnibus druidibus praeest unus, qui summam inter eos habet auctoritatem. 9. Hoc mortuo aut si qui ex reliquis excellit dignitate succedit, aut, si sunt plures pares, suffragio druidum, nonnumquam etiam armis de principatu contendunt. 10. hi certo anni tempore in finibus Carnutum, quae regio totius Galliae media habetur, considunt in loco consecrato. Huc omnes undique, qui controversias habent, conveniunt eorumque decretis iudiciisque parent. 11. Disciplina in Britannia reperta atque inde in Galliam translata esse existimatur, 12. et nunc, qui diligentius eam rem cognoscere volunt, plerumque illo discendi causa proficiscuntur.

XIV. 1. Druides a bello abesse consuerunt neque tributa una cum reliquis pendunt; militiae vacationem omniumque rerum habent immunitatem. 2. Tantis excitati praemiis et sua sponte multi in disciplinam conveniunt et a parentibus propinquisque mittuntur. 3. Magnum ibi numerum versuum ediscere dicuntur. Itaque annos nonnulli vicenos in disciplina permanent. 4. Neque fas esse existimant ea litteris mandare, cum in reliquis fere rebus, publicis privatisque rationibus Graecis litteris utantur. Id mihi duabus de causis instituisse videntur, quod neque in vulgum disciplinam efferri velint neque eos, qui discunt, litteris confisos minus memoriae studere : quod fere plerisque accidit, ut praesidio litterarum diligentiam in perdiscendo ac memoriam remittant. 5. In primis hoc volunt persuadere, non interire animas, sed ab aliis post mortem transire ad alios, atque hoc maxime ad virtutem excitari putant metu mortis neglecto. 6. Multa praeterea de sideribus atque eorum motu, de mundi ac terrarum magnitudine, de rerum natura, de deorum immortalium vi ac potestate disputant et iuventuti tradunt.

XV. 1. Alterum genus est equitum. Hi, cum est usus atque aliquod bellum incidit (quod fere ante Caesaris adventum quotannis accidere solebat, uti aut ipsi iniurias inferrent aut illatas propulsarent), omnes in bello versantur, 2. atque eorum ut quisque est genere copiisque amplissimus, ita plurimos circum se ambactos clientesque habet. Hanc unam gratiam potentiamque noverunt.

XVI. 1. Natio est omnis Gallorum admodum dedita religionibus, 2. atque ob eam causam, qui sunt adfecti gravioribus morbis quique in proeliis periculisque versantur, aut pro victimis homines immolant aut se immolaturos vovent administrisque ad ea sacrificia druidibus utuntur, quod, pro vita hominis nisi hominis vita reddatur, 3. non posse deorum immortalium numen placari arbitrantur, publiceque eiusdem generis habent instituta sacrificia. Alii immani magnitudine simulacra habent, 4. quorum contexta viminibus membra vivis hominibus complent; quibus succensis circumventi flamma exanimantur homines. 5. Supplicia eorum qui in furto aut in latrocinio aut aliqua noxia sint comprehensi gratiora dis immortalibus esse arbitrantur; sed, cum eius generis copia defecit, etiam ad innocentium supplicia descendunt.

XVII. 1. Deum maxime Mercurium colunt. Huius sunt plurima simulacra : hunc omnium inventorem artium ferunt, hunc viarum atque itinerum ducem, hunc ad quaestus pecuniae mercaturasque habere vim maximam arbitrantur. Post hunc Apollinem et Martem et Iovem et Minervam. 2. De his eandem fere, quam reliquae gentes, habent opinionem : Apollinem morbos depellere, Minervam operum atque artificiorum initia tradere, Iovem imperium caelestium tenere, Martem bella regere. 3. Huic, cum proelio dimicare constituerunt, ea quae bello ceperint plerumque devovent : cum superaverunt, animalia capta immolant reliquasque res in unum locum conferunt. 4. Multis in civitatibus harum rerum exstructos tumulos locis consecratis conspicari licet; 5. neque saepe accidit, ut neglecta quispiam religione aut capta apud se occultare aut posita tollere auderet, gravissimumque ei rei supplicium cum cruciatu constitutum est.

XVIII. 1. Galli se omnes ab Dite patre prognatos praedicant idque ab druidibus proditum dicunt. 2. Ob eam causam spatia omnis temporis non numero dierum sed noctium finiunt; dies natales et mensum et annorum initia sic observant ut noctem dies subsequatur. 3. In reliquis vitae institutis hoc fere ab reliquis differunt, quod suos liberos, nisi cum adoleverunt, ut munus militiae sustinere possint, palam ad se adire non patiuntur filiumque puerili aetate in publico in conspectu patris adsistere turpe ducunt.

XIX. 1. Viri, quantas pecunias ab uxoribus dotis nomine acceperunt, tantas ex suis bonis aestimatione facta cum dotibus communicant. 2. Huius omnis pecuniae coniunctim ratio habetur fructusque servantur : uter eorum vita superarit, ad eum pars utriusque cum fructibus superiorum temporum pervenit. 3. Viri in uxores, sicuti in liberos, vitae necisque habent potestatem ; et cum paterfamiliae illustriore loco natus decessit, eius propinqui conveniunt et, de morte si res in suspicionem venit, de uxoribus in servilem modum quaestionem habent et, si compertum est, igni atque omnibus tormentis excruciatas interficiunt. 4. Funera sunt pro cultu Gallorum magnifica et sumptuosa ; omniaque quae vivis cordi fuisse arbitrantur in ignem inferunt, etiam animalia, ac paulo supra hanc memoriam servi et clientes, quos ab eis dilectos esse constabat, iustis funeribus confectis una cremabantur.

XX. 1. Quae civitates commodius suam rem publicam administrare existimantur, habent legibus sanctum, si quis quid de re publica a finitimis rumore aut fama acceperit, uti ad magistratum deferat neve cum quo alio communicet, 2. quod saepe homines temerarios atque imperitos falsis rumoribus terreri et ad facinus impelli et de summis rebus consilium capere cognitum est. 3. Magistratus quae visa sunt occultant quaeque esse ex usu iudicaverunt multitudini produnt. De re publica nisi per concilium loqui non conceditur.

XXI. 1. Germani multum ab hac consuetudine differunt. Nam neque druides habent, qui rebus divinis praesint, neque sacrificiis student. 2. Deorum numero eos solos ducunt, quos cernunt et quorum aperte opibus iuvantur, Solem et Vulcanum et Lunam, reliquos ne fama quidem acceperunt. 3. Vita omnis in venationibus atque in studiis rei militaris consistit : ab parvulis labori ac duritiae student. Qui diutissime impuberes permanserunt, 4. maximam inter suos ferunt laudem : hoc ali staturam, ali vires nervosque confirmari putant. 5. Intra annum vero vicesimum feminae notitiam habuisse in turpissimis habent rebus ; cuius rei nulla est occultatio, quod et promiscue in fluminibus perluuntur et pellibus aut parvis renonum tegimentis utuntur magna corporis parte nuda.

XXII. 1. Agriculturae non student, maiorque pars eorum victus in lacte, caseo, carne consistit. 2. Neque quisquam agri modum certum aut fines habet proprios; sed magistratus ac principes in annos singulos gentibus cognationibusque hominum, qui una coierunt, quantum et quo loco visum est agri attribuunt atque anno post alio transire cogunt. 3. Eius rei multas adferunt causas : ne adsidua consuetudine capti studium belli gerendi agricultura commutent; ne latos fines parare studeant, potentioresque humiliores possessionibus expellant; ne accuratius ad frigora atque aestus vitandos aedificent; ne qua oriatur pecuniae cupiditas, qua ex re factiones dissensionesque nascuntur; 4. ut animi aequitate plebem contineant, cum suas quisque opes cum potentissimis aequari videat.

XXIII. 1. Civitatibus maxima laus est quam latissime circum se vastatis finibus solitudines habere. 2. Hoc proprium virtutis existimant, expulsos agris finitimos cedere, neque quemquam prope audere consistere : 3. simul hoc se fore tutiores arbitrantur repentinae incursionis timore sublato. 4. Cum bellum civitas aut inlatum defendit aut infert, magistratus, qui ei bello praesint, ut vitae necisque habeant potestatem, deliguntur. 5. In pace nullus est communis magistratus, sed principes regionum atque pagorum inter suos ius dicunt controversiasque minuunt. 6. Latrocinia nullam habent infamiam, quae extra fines cuiusque civitatis fiunt, atque ea iuventutis exercendae ac desidiae minuendae causa fieri praedicant. 7. Atque ubi quis ex principibus in concilio dixit se ducem fore, qui sequi velint, profiteantur, consurgunt ei qui et causam et hominem probant suumque auxilium pollicentur atque ab multitudine collaudantur : 8. qui ex his secuti non sunt, in desertorum ac proditorum numero ducuntur, omniumque his rerum postea fides derogatur. 9. Hospitem violare fas non putant; qui quacumque de causa ad eos venerunt, ab iniuria prohibent, sanctos habent, hisque omnium domus patent victusque communicatur.

XXIV. 1. Ac fuit antea tempus, cum Germanos Galli virtute superarent, ultro bella inferrent, propter hominum multitudinem agrique inopiam trans Rhenum colonias mitterent. 2. Itaque ea quae fertilissima Germaniae sunt loca circum Hercyniam silvam, quam Eratostheni et quibusdam Graecis fama notam esse video, quam illi Orcyniam appellant, Volcae Tectosages occupaverunt atque ibi consederunt; 3. quae gens ad hoc tempus his sedibus sese continet summamque habet iustitiae et bellicae laudis opinionem. 4. Nunc quod in eadem inopia, egestate, patientia qua Germani permanent, eodem victu et cultu corporis utuntur; Gallis autem provinciarum propinquitas et transmarinarum rerum notitia multa ad copiam atque usus largitur, 6. paulatim adsuefacti superari multisque victi proeliis ne se quidem ipsi cum illis virtute comparant.

XXV. 1. Huius Hercyniae silvae, quae supra demonstrata est, latitudo novem dierum iter expedito patet : non enim aliter finiri potest, neque mensuras itinerum noverunt. 2. Oritur ab Helvetiorum et Nemetum et Rauracorum finibus rectaque fluminis Danubi regione pertinet ad fines Dacorum et Anartium; 3. hinc se flectit sinistrorsus diversis ab flumine regionibus multarumque gentium fines propter magnitudinem adtingit; 4. neque quisquam est huius Germaniae, qui se aut adisse ad initium eius silvae dicat, cum dierum iter LX processerit, aut, quo ex loco oriatur, acceperit. 5. Multaque in ea genera ferarum nasci constat, quae reliquis in locis visa non sint; ex quibus quae maxime differant ab ceteris et memoriae prodenda videantur haec sunt.

XXVI. 1. Est bos cervi figura, cuius a media fronte inter aures unum cornu exsistit excelsius magisque directum his, quae nobis nota sunt, cornibus : ab eius summo sicut palmae ramique late diffunduntur. Eadem est feminae marisque natura, eadem forma magnitudoque cornuum.

XXVII. 1. Sunt item, quae appellantur alces. Harum est consimilis capris figura et varietas pellium, sed magnitudine paulo antecedunt mutilaeque sunt cornibus et crura sine nodis articulisque habent 2. neque quietis causa procumbunt neque, si quo adflictae casu conciderunt, erigere sese aut sublevare possunt. 3. His sunt arbores pro cubilibus : ad eas se applicant atque ita paulum modo reclinatae quietem capiunt. 4. Quarum ex vestigiis cum est animadversum a venatoribus, quo se recipere consuerint, omnes eo loco aut ab radicibus subruunt aut accidunt arbores, tantum ut summa species earum stantium relinquatur. Huc cum se consuetudine reclinaverunt, 5. infirmas arbores pondere adfligunt atque una ipsae concidunt.

XXVIII. 1. Tertium est genus eorum, qui uri appellantur. Hi sunt magnitudine paulo infra elephantos, specie et colore et figura tauri. 2. Magna vis eorum est et magna velocitas, neque homini neque ferae quam conspexerunt parcunt. Hos studiose foveis captos interficiunt. 3. Hoc se labore durant adulescentes atque hoc genere venationis exercent, et qui plurimos ex his interfecerunt, relatis in publicum cornibus, quae sint testimonio, magnam ferunt laudem. 4. Sed adsuescere ad homines et mansuefieri ne parvuli quidem excepti possunt. 5. Amplitudo cornuum et figura et species multum a nostrorum boum cornibus differt. 6. Haec studiose conquisita ab labris argento circumcludunt atque in amplissimis epulis pro poculis utuntur.

XXIX. 1. Caesar, postquam per Vbios exploratores comperit Suebos sese in silvas recepisse, inopiam frumenti veritus, quod, ut supra demonstravimus, minime omnes Germani agriculturae student, constituit non progredi longius; sed, 2. ne omnino metum reditus sui barbaris tolleret atque ut eorum auxilia tardaret, reducto exercitu partem ultimam pontis, 3. quae ripas Vbiorum contingebat, in longitudinem pedum ducentorum rescindit atque in extremo ponte turrim tabulatorum quattuor constituit praesidiumque cohortium duodecim pontis tuendi causa ponit magnisque eum locum munitionibus firmat. Ei loco praesidioque Gaium Volcatium Tullum adulescentem praefecit. 4. Ipse, cum maturescere frumenta inciperent, ad bellum Ambiorigis profectus per Arduennam silvam, quae est totius Galliae maxima atque ab ripis Rheni finibusque Treverorum ad Nervios pertinet milibusque amplius quingentis in longitudinem patet, Lucium Minucium Basilum cum omni equitatu praemittit, si quid celeritate itineris atque opportunitate temporis proficere possit; 5. monet, ut ignes in castris fieri prohibeat, ne qua eius adventus procul significatio fiat : sese confestim subsequi dicit.

XXX. 1. Basilus, ut imperatum est, facit. Celeriter contraque omnium opinionem confecto itinere multos in agris inopinantes deprehendit : eorum indicio ad ipsum Ambiorigem contendit, quo in loco cum paucis equitibus esse dicebatur. 2. Multum cum in omnibus rebus tum in re militari potest fortuna. Nam sicut magno accidit casu ut in ipsum incautum etiam atque imparatum incideret, priusque eius adventus ab omnibus videretur, quam fama ac nuntius adferretur : sic magnae fuit fortunae omni militari instrumento, quod circum se habebat, erepto, raedis equisque comprehensis ipsum effugere mortem. Sed hoc quoque factum est, 3. quod aedificio circumdato silva, ut sunt fere domicilia Gallorum, qui vitandi aestus causa plerumque silvarum atque fluminum petunt propinquitates, comites familiaresque eius angusto in loco paulisper equitum nostrorum vim sustinuerunt. 4. His pugnantibus illum in equum quidam ex suis intulit : fugientem silvae texerunt. Sic et ad subeundum periculum et ad vitandum multum fortuna valuit.

XXXI. 1. Ambiorix copias suas iudicione non conduxerit, quod proelio dimicandum non existimarit, an tempore exclusus et repentino equitum adventu prohibitus, cum reliquum exercitum subsequi crederet, dubium est. 2. Sed certe dimissis per agros nuntiis sibi quemque consulere iussit. Quorum pars in Arduennam silvam, pars in continentes paludes profugit; 3. qui proximi Oceano fuerunt, his insulis sese occultaverunt, quas aestus efficere consuerunt; 4. multi ex suis finibus egressi se suaque omnia alienissimis crediderunt. 5. Catuvolcus, rex dimidiae partis Eburonum, qui una cum Ambiorige consilium inierat, aetate iam confectus, cum laborem aut belli aut fugae ferre non posset, omnibus precibus detestatus Ambiorigem, qui eius consilii auctor fuisset, taxo, cuius magna in Gallia Germaniaque copia est, se exanimavit.

XXXII. 1. Segni Condrusique, ex gente et numero Germanorum, qui sunt inter Eburones Treverosque, legatos ad Caesarem miserunt oratum, ne se in hostium numero duceret neve omnium Germanorum, qui essent citra Rhenum, unam esse causam iudicaret : nihil se de bello cogitavisse, nulla Ambiorigi auxilia misisse. 2. Caesar explorata re quaestione captivorum, si qui ad eos Eburones ex fuga convenissent, ad se ut reducerentur, imperavit; si ita fecissent, fines eorum se violaturum negavit. 3. Tum copiis in tres partes distributis impedimenta omnium legionum Aduatucam contulit. 4. Id castelli nomen est. Hoc fere est in mediis Eburonum finibus, ubi Titurius atque Aurunculeius hiemandi causa consederant. 5. Hunc cum reliquis rebus locum probabat, tum quod superioris anni munitiones integrae manebant, ut militum laborem sublevaret. Praesidio impedimentis legionem quartamdecimam reliquit, unam ex eis tribus, quas proxime conscriptas ex Italia traduxerat. 6. Ei legioni castrisque Quintum Tullium Ciceronem praeficit ducentosque equites attribuit.

XXXIII. 1. Partito exercitu Titum Labienum cum legionibus tribus ad Oceanum versus in eas partes quae Menapios attingunt proficisci iubet; 2. Gaium Trebonium cum pari legionum numero ad eam regionem quae ad Aduatucos adiacet depopulandam mittit; 3. ipse cum reliquis tribus ad flumen Scaldem, quod influit in Mosam, extremasque Arduennae partis ire constituit, quo cum paucis equitibus profectum Ambiorigem audiebat. 4. Discedens post diem septimum sese reversurum confirmat; quam ad diem ei legioni quae in praesidio relinquebatur deberi frumentum sciebat. 5. Labienum Treboniumque hortatur, si rei publicae commodo facere possint, ad eum diem revertantur, ut rursus communicato consilio exploratisque hostium rationibus aliud initium belli capere possint.

XXXIV. 1. Erat, ut supra demonstravimus, manus certa nulla, non oppidum, non praesidium, quod se armis defenderet, sed in omnes partes dispersa multitudo. 2. Vbi cuique aut valles abdita aut locus silvestris aut palus impedita spem praesidi aut salutis aliquam offerebat, consederat. 3. Haec loca vicinitatibus erant nota, magnamque res diligentiam requirebat non in summa exercitus tuenda (nullum enim poterat universis a perterritis ac dispersis periculum accidere), sed in singulis militibus conservandis; quae tamen ex parte res ad salutem exercitus pertinebat. 4. Nam et praedae cupiditas multos longius evocabat, et silvae incertis occultisque itineribus confertos adire prohibebant. 5. Si negotium confici stirpemque hominum sceleratorum interfici vellet, dimittendae plures manus diducendique erant milites; 6. si continere ad signa manipulos vellet, ut instituta ratio et consuetudo exercitus Romani postulabat, locus ipse erat praesidio barbaris, neque ex occulto insidiandi et dispersos circumveniendi singulis deerat audacia. 7. Vt in eiusmodi difficultatibus, quantum diligentia provideri poterat providebatur, ut potius in nocendo aliquid praetermitteretur, etsi omnium animi ad ulciscendum ardebant, quam cum aliquo militum detrimento noceretur. 8. Dimittit ad finitimas civitates nuntios Caesar : omnes ad se vocat spe praedae ad diripiendos Eburones, ut potius in silvis Gallorum vita quam legionarius miles periclitetur, simul ut magna multitudine circumfusa pro tali facinore stirps ac nomen civitatis tollatur. 9. Magnus undique numerus celeriter convenit.

XXXV. 1. Haec in omnibus Eburonum partibus gerebantur, diesque appetebat septimus, quem ad diem Caesar ad impedimenta legionemque reverti constituerat. 2. Hic quantum in bello fortuna possit et quantos adferat casus cognosci potuit. 3. Dissipatis ac perterritis hostibus, ut demonstravimus, manus erat nulla quae parvam modo causam timoris adferret. 4. Trans Rhenum ad Germanos pervenit fama, diripi Eburones atque ultro omnes ad praedam evocari. 5. Cogunt equitum duo milia Sugambri, qui sunt proximi Rheno, a quibus receptos ex fuga Tencteros atque Vsipetes supra docuimus. 6. Transeunt Rhenum navibus ratibusque triginta milibus passuum infra eum locum, ubi pons erat perfectus praesidiumque ab Caesare relictum : primos Eburonum fines adeunt; multos ex fuga dispersos excipiunt, magno pecoris numero, cuius sunt cupidissimi barbari, potiuntur. 7. Invitati praeda longius procedunt. Non hos palus in bello latrociniisque natos, non silvae morantur. Quibus in locis sit Caesar ex captivis quaerunt; profectum longius reperiunt omnemque exercitum discessisse cognoscunt. 8. Atque unus ex captivis "Quid vos," inquit, "hanc miseram ac tenuem sectamini praedam, quibus licet iam esse fortunatissimos? 9. Tribus horis Aduatucam venire potestis : huc omnes suas fortunas exercitus Romanorum contulit : praesidi tantum est, ut ne murus quidem cingi possit, neque quisquam egredi extra munitiones audeat." 10. Oblata spe Germani quam nacti erant praedam in occulto relinquunt; ipsi Aduatucam contendunt usi eodem duce, cuius haec indicio cognoverant.

XXXVI. 1. Cicero, qui omnes superiores dies praeceptis Caesaris cum summa diligentia milites in castris continuisset ac ne calonem quidem quemquam extra munitionem egredi passus esset, septimo die diffidens de numero dierum Caesarem fidem servaturum, quod longius progressum audiebat, neque ulla de reditu eius fama adferebatur, simul eorum permotus vocibus, 2. qui illius patientiam paene obsessionem appellabant, siquidem ex castris egredi non liceret, nullum eiusmodi casum exspectans, quo novem oppositis legionibus maximoque equitatu dispersis ac paene deletis hostibus in milibus passuum tribus offendi posset, quinque cohortes frumentatum in proximas segetes mittit, quas inter et castra unus omnino collis intererat. Complures erant ex legionibus aegri relicti; 3. ex quibus qui hoc spatio dierum convaluerant, circiter CCC, sub vexillo una mittuntur; magna praeterea multitudo calonum, magna vis iumentorum, quae in castris subsederant, facta potestate sequitur.

XXXVII. 1. Hoc ipso tempore et casu Germani equites interveniunt protinusque eodem illo, quo venerant, cursu ab decumana porta in castra irrumpere conantur, 2. nec prius sunt visi obiectis ab ea parte silvis, quam castris appropinquarent, usque eo ut qui sub vallo tenderent mercatores recipiendi sui facultatem non haberent. 3. Inopinantes nostri re nova perturbantur, ac vix primum impetum cohors in statione sustinet. 4. Circumfunduntur ex reliquis hostes partibus, si quem aditum reperire possent. 5. Aegre portas nostri tuentur, reliquos aditus locus ipse per se munitioque defendit. 6. Totis trepidatur castris, atque alius ex alio causam tumultus quaerit; neque quo signa ferantur neque quam in partem quisque conveniat provident. 7. Alius iam castra capta pronuntiat, alius deleto exercitu atque imperatore victores barbaros venisse contendit; 8. plerique novas sibi ex loco religiones fingunt Cottaeque et Tituri calamitatem, qui in eodem occiderint castello, ante oculos ponunt. 9. Tali timore omnibus perterritis confirmatur opinio barbaris, ut ex captivo audierant, nullum esse intus praesidium. 10. perrumpere nituntur seque ipsi adhortantur, ne tantam fortunam ex manibus dimittant.

XXXVIII. 1. Erat aeger cum praesidio relictus Publius Sextius Baculus, qui primum pilum ad Caesarem duxerat, cuius mentionem superioribus proeliis fecimus, ac diem iam quintum cibo caruerat. 2. Hic diffisus suae atque omnium saluti inermis ex tabernaculo prodit : videt imminere hostes atque in summo esse rem discrimine : capit arma a proximis atque in porta consistit : 3. consequuntur hunc centuriones eius cohortis quae in statione erat : paulisper una proelium sustinent. 4. Relinquit animus Sextium gravibus acceptis vulneribus : aegre per manus tractus servatur. 5. Hoc spatio interposito reliqui sese confirmant tantum, ut in munitionibus consistere audeant speciemque defensorum praebeant.

XXXIX. 1. Interim confecta frumentatione milites nostri clamorem exaudiunt : praecurrunt equites; quanto res sit in periculo cognoscunt. 2. Hic vero nulla munitio est quae perterritos recipiat : modo conscripti atque usus militaris imperiti ad tribunum militum centurionesque ora convertunt; quid ab his praecipiatur exspectant. Nemo est tam fortis quin rei novitate perturbetur. 3. Barbari signa procul conspicati oppugnatione desistunt : 4. redisse primo legiones credunt, quas longius discessisse ex captivis cognoverant; postea despecta paucitate ex omnibus partibus impetum faciunt.

XL. 1. Calones in proximum tumulum procurrunt. Hinc celeriter deiecti se in signa manipulosque coniciunt : eo magis timidos perterrent milites. 2. Alii cuneo facto ut celeriter perrumpant censent, quoniam tam propinqua sint castra, et si pars aliqua circumventa ceciderit, at reliquos servari posse confidunt; 3. alii, ut in iugo consistant atque eundem omnes ferant casum. 4. Hoc veteres non probant milites, quos sub vexillo una profectos docuimus. Itaque inter se cohortati duce Gaio Trebonio, equite Romano, qui eis erat praepositus, per medios hostes perrumpunt incolumesque ad unum omnes in castra perveniunt. 5. Hos subsecuti calones equitesque eodem impetu militum virtute servantur. 6. At ei qui in iugo constiterant, nullo etiam nunc usu rei militaris percepto neque in eo quod probaverant consilio permanere, ut se loco superiore defenderent, neque eam quam prodesse aliis vim celeritatemque viderant imitari potuerunt, sed se in castra recipere conati iniquum in locum demiserunt. 7. Centuriones, quorum nonnulli ex inferioribus ordinibus reliquarum legionum virtutis causa in superiores erant ordines huius legionis traducti, ne ante partam rei militaris laudem amitterent, fortissime pugnantes conciderunt. 8. Militum pars horum virtute summotis hostibus praeter spem incolumis in castra pervenit, pars a barbaris circumventa periit.

XLI. 1. Germani desperata expugnatione castrorum, quod nostros iam constitisse in munitionibus videbant, cum ea praeda quam in silvis deposuerant trans Rhenum sese receperunt. 2. Ac tantus fuit etiam post discessum hostium terror ut ea nocte, cum Gaius Volusenus missus cum equitatu ad castra venisset, fidem non faceret adesse cum incolumi Caesarem exercitu. 3. Sic omnino animos timor praeoccupaverat ut paene alienata mente deletis omnibus copiis equitatum se ex fuga recepisse dicerent neque incolumi exercitu Germanos castra oppugnaturos fuisse contenderent. 4. Quem timorem Caesaris adventus sustulit.

XLII. 1. Reversus ille eventus belli non ignorans unum, quod cohortes ex statione et praesidio essent emissae, questus ne minimo quidem casu locum relinqui debuisse, multum fortunam in repentino hostium adventu potuisse iudicavit, 2. multo etiam amplius, quod paene ab ipso vallo portisque castrorum barbaros avertisset. quarum omnium rerum maxime admirandum videbatur, 3. quod Germani, qui eo consilio Rhenum transierant, ut Ambiorigis fines depopularentur, ad castra Romanorum delati optatissimum Ambiorigi beneficium obtulerunt.

XLIII. 1. Caesar rursus ad vexandos hostes profectus magno coacto numero ex finitimis civitatibus in omnes partes dimittit. 2. Omnes vici atque omnia aedificia quae quisque conspexerat incendebantur; praeda ex omnibus locis agebatur; 3. frumenta non solum tanta multitudine iumentorum atque hominum consumebantur, sed etiam anni tempore atque imbribus procubuerant ut, si qui etiam in praesentia se occultassent, tamen his deducto exercitu rerum omnium inopia pereundum videretur. 4. Ac saepe in eum locum ventum est tanto in omnes partes diviso equitatu, ut modo visum ab se Ambiorigem in fuga circumspicerent captivi nec plane etiam abisse ex conspectu contenderent, ut spe consequendi illata atque infinito labore suscepto, 5. qui se summam ab Caesare gratiam inituros putarent, paene naturam studio vincerent, semperque paulum ad summam felicitatem defuisse videretur, 6. atque ille latebris aut saltibus se eriperet et noctu occultatus alias regiones partesque peteret non maiore equitum praesidio quam quattuor, quibus solis vitam suam committere audebat.

XLIV. 1. Tali modo vastatis regionibus exercitum Caesar duarum cohortium damno Durocortorum Remorum reducit concilioque in eum locum Galliae indicto de coniuratione Senonum et Carnutum quaestionem habere instituit et de Accone, qui princeps eius consili fuerat, 2. graviore sententia pronuntiata more maiorum supplicium sumpsit. 3. Non nulli iudicium veriti profugerunt. Quibus cum aqua atque igni interdixisset, duas legiones ad fines Treverorum, duas in Lingonibus, sex reliquas in Senonum finibus Agedinci in hibernis collocavit frumentoque exercitui proviso, ut instituerat, in Italiam ad conventus agendos profectus est.

Commentarius Septimus

I. 1. Quieta Gallia Caesar, ut constituerat, in Italiam ad conventus agendos proficiscitur. Ibi cognoscit de Clodii caede [de] senatusque consulto certior factus, ut omnes iuniores Italiae coniurarent, delectum tota provincia habere instituit. 2. Eae res in Galliam Transalpinam celeriter perferuntur. Addunt ipsi et adfingunt rumoribus Galli, quod res poscere videbatur, retineri urbano motu Caesarem neque in tantis dissensionibus ad exercitum venire posse. 3. Hac impulsi occasione, qui iam ante se populi Romani imperio subiectos dolerent liberius atque audacius de bello consilia inire incipiunt. 4. Indictis inter se principes Galliae conciliis silvestribus ac remotis locis queruntur de Acconis morte; 5. posse hunc casum ad ipsos recidere demonstrant: miserantur communem Galliae fortunam: omnibus pollicitationibus ac praemiis deposcunt qui belli initium faciant et sui capitis periculo Galliam in libertatem vindicent. 6. In primis rationem esse habendam dicunt, priusquam eorum clandestina consilia efferantur, ut Caesar ab exercitu intercludatur. Id esse facile, 7. quod neque legiones audeant absente imperatore ex hibernis egredi, neque imperator sine praesidio ad legiones pervenire possit; 8. postremo in acie praestare interfici quam non veterem belli gloriam libertatemque quam a maioribus acceperint recuperare.

II. 1. His rebus agitatis profitentur Carnutes se nullum periculum communis salutis causa recusare principesque ex omnibus bellum facturos pollicentur et, 2. quoniam in praesentia obsidibus cavere inter se non possint ne res efferatur, ut iureiurando ac fide sanciatur, petunt, collatis militaribus signis, quo more eorum gravissima caerimonia continetur, ne facto initio belli ab reliquis deserantur. 3. Tum collaudatis Carnutibus, dato iureiurando ab omnibus qui aderant, tempore eius rei constituto ab concilio disceditur.

III. 1. Vbi ea dies venit, Carnutes Cotuato et Conconnetodumno ducibus, desperatis hominibus, Cenabum signo dato concurrunt civesque Romanos, qui negotiandi causa ibi constiterant, in his Gaium Fufium Citam, honestum equitem Romanum, qui rei frumentariae iussu Caesaris praeerat, interficiunt bonaque eorum diripiunt. 2. Celeriter ad omnes Galliae civitates fama perfertur. Nam ubicumque maior atque illustrior incidit res, clamore per agros regionesque significant; hunc alii deinceps excipiunt et proximis tradunt, ut tum accidit. 3. Nam quae Cenabi oriente sole gesta essent, ante primam confectam vigiliam in finibus Arvernorum audita sunt, quod spatium est milium passuum circiter centum LX.

IV. 1. Simili ratione ibi Vercingetorix, Celtilli filius, Arvernus, summae potentiae adulescens, cuius pater principatum Galliae totius obtinuerat et ob eam causam, quod regnum appetebat, ab civitate erat interfectus, convocatis suis clientibus facile incendit. 2. Cognito eius consilio ad arma concurritur. Prohibetur ab Gobannitione, patruo suo, reliquisque principibus, qui hanc temptandam fortunam non existimabant; expellitur ex oppido Gergovia; 3. non destitit tamen atque in agris habet dilectum egentium ac perditorum. Hac coacta manu, quoscumque adit ex civitate ad suam sententiam perducit; 4. hortatur ut communis libertatis causa arma capiant, magnisque coactis copiis adversarios suos a quibus paulo ante erat eiectus expellit ex civitate. 5. Rex ab suis appellatur. Dimittit quoque versus legationes; obtestatur ut in fide maneant. 6. Celeriter sibi Senones, Parisios, Pictones, Cadurcos, Turonos, Aulercos, Lemovices, Andos reliquosque omnes qui Oceanum attingunt adiungit : omnium consensu ad eum defertur imperium. 7. Qua oblata potestate omnibus his civitatibus obsides imperat, certum numerum militum ad se celeriter adduci iubet, 8. armorum quantum quaeque civitas domi quodque ante tempus efficiat constituit; in primis equitatui studet. 9. Summae diligentiae summam imperi severitatem addit; magnitudine supplici dubitantes cogit. 10. nam maiore commisso delicto igni atque omnibus tormentis necat, leviore de causa auribus desectis aut singulis effossis oculis domum remittit, ut sint reliquis documento et magnitudine poenae perterreant alios.

V. 1. His suppliciis celeriter coacto exercitu Lucterium Cadurcum, summae hominem audaciae, cum parte copiarum in Rutenos mittit; ipse in Bituriges proficiscitur. Eius adventu Bituriges ad Aeduos, 2. quorum erant in fide, legatos mittunt subsidium rogatum, quo facilius hostium copias sustinere possint. 3. Aedui de consilio legatorum, quos Caesar ad exercitum reliquerat, copias equitatus peditatusque subsidio Biturigibus mittunt. 4. Qui cum ad flumen Ligerim venissent, quod Bituriges ab Aeduis dividit, paucos dies ibi morati neque flumen transire 5. ausi domum revertuntur legatisque nostris renuntiant se Biturigum perfidiam veritos revertisse, quibus id consili fuisse cognoverint, ut, si flumen transissent, una ex parte ipsi, altera Arverni se circumsisterent. 6. Id eane de causa, quam legatis pronuntiarunt, an perfidia adducti fecerint, quod nihil nobis constat, non videtur pro certo esse proponendum. 7. Bituriges eorum discessu statim cum Arvernis iunguntur.

VI. 1. His rebus in Italiam Caesari nuntiatis, cum iam ille urbanas res virtute Cn. Pompei commodiorem in statum pervenisse intellegeret, in Transalpinam Galliam profectus est. 2. Eo cum venisset, magna difficultate adficiebatur, qua ratione ad exercitum pervenire posset. 3. Nam si legiones in provinciam arcesseret, se absente in itinere proelio dimicaturas intellegebat; 4. si ipse ad exercitum contenderet, ne eis quidem eo tempore qui quieti viderentur suam salutem recte committi videbat.

VII. 1. Interim Lucterius Cadurcus in Rutenos missus eam civitatem Arvernis conciliat. 2. Progressus in Nitiobriges et Gabalos ab utrisque obsides accipit et magna coacta manu in provinciam Narbonem versus eruptionem facere contendit. 3. Qua re nuntiata Caesar omnibus consiliis antevertendum existimavit, ut Narbonem proficisceretur. 4. Eo cum venisset, timentes confirmat, praesidia in Rutenis provincialibus, Volcis Arecomicis, Tolosatibus circumque Narbonem, quae loca hostibus erant finitima, constituit; 5. partem copiarum ex provincia supplementumque, quod ex Italia adduxerat, in Helvios, qui fines Arvernorum contingunt, convenire iubet.

VIII. 1. His rebus comparatis, represso iam Lucterio et remoto, quod intrare intra praesidia periculosum putabat, in Helvios proficiscitur. 2. Etsi mons Cevenna, qui Arvernos ab Helviis discludit, durissimo tempore anni altissima nive iter impediebat, tamen discussa nive sex in altitudinem pedum atque ita viis patefactis summo militum sudore ad fines Arvernorum pervenit. 3. Quibus oppressis inopinantibus, quod se Cevenna ut muro munitos existimabant, ac ne singulari quidem umquam homini eo tempore anni semitae patuerant, equitibus imperat, ut quam latissime possint vagentur et quam maximum hostibus terrorem inferant. 4. Celeriter haec fama ac nuntiis ad Vercingetorigem perferuntur; quem perterriti omnes Arverni circumsistunt atque obsecrant, ut suis fortunis consulat, neve ab hostibus diripiantur, praesertim cum videat omne ad se bellum translatum. 5. Quorum ille precibus permotus castra ex Biturigibus movet in Arvernos versus.

IX. 1. At Caesar biduum in his locis moratus, quod haec de Vercingetorige usu ventura opinione praeceperat, per causam supplementi equitatusque cogendi ab exercitu discedit; Brutum adulescentem his copiis praeficit; 2. hunc monet, ut in omnes partes equites quam latissime pervagentur : daturum se operam, ne longius triduo ab castris absit. 3. His constitutis rebus suis inopinantibus quam maximis potest itineribus Viennam pervenit. 4. Ibi nactus recentem equitatum, quem multis ante diebus eo praemiserat, neque diurno neque nocturno itinere intermisso per fines Aeduorum in Lingones contendit, ubi duae legiones hiemabant, ut, si quid etiam de sua salute ab Aeduis iniretur consili, celeritate praecurreret. 5. Eo cum pervenisset, ad reliquas legiones mittit priusque omnes in unum locum cogit quam de eius adventu Arvernis nuntiari posset. 6. Hac re cognita Vercingetorix rursus in Bituriges exercitum reducit atque inde profectus Gorgobinam, Boiorum oppidum, quos ibi Helvetico proelio victos Caesar collocaverat Aeduisque attribuerat, oppugnare instituit.

X. 1. Magnam haec res Caesari difficultatem ad consilium capiendum adferebat, si reliquam partem hiemis uno loco legiones contineret, ne stipendiariis Aeduorum expugnatis cuncta Gallia deficeret, quod nullum amicis in eo praesidium videretur positum esse; si maturius ex hibernis educeret, ne ab re frumentaria duris subvectionibus laboraret. 2. Praestare visum est tamen omnis difficultates perpeti, quam tanta contumelia accepta omnium suorum voluntates alienare. 3. Itaque cohortatus Aeduos de supportando commeatu praemittit ad Boios qui de suo adventu doceant hortenturque ut in fide maneant atque hostium impetum magno animo sustineant. 4. Duabus Agedinci legionibus atque impedimentis totius exercitus relictis ad Boios proficiscitur.

XI. 1. Altero die cum ad oppidum Senonum Vellaunodunum venisset, ne quem post se hostem relinqueret, quo expeditiore re frumentaria uteretur, oppugnare instituit idque biduo circumvallavit; 2. tertio die missis ex oppido legatis de deditione arma conferri, iumenta produci, sescentos obsides dari iubet. 3. Ea qui conficeret, C. Trebonium legatum relinquit. Ipse, ut quam primum iter faceret, Cenabum Carnutum proficiscitur; 4. qui tum primum allato nuntio de oppugnatione Vellaunoduni, cum longius eam rem ductum iri existimarent, praesidium Cenabi tuendi causa, quod eo mitterent, comparabant. Huc biduo pervenit. 5. Castris ante oppidum positis diei tempore exclusus in posterum oppugnationem differt quaeque ad eam rem usui sint militibus imperat 6. et, quod oppidum Cenabum pons fluminis Ligeris contingebat, veritus ne noctu ex oppido profugerent, duas legiones in armis excubare iubet. 7. Cenabenses paulo ante mediam noctem silentio ex oppido egressi flumen transire coeperunt. Qua re per exploratores nuntiata Caesar legiones 8. quas expeditas esse iusserat portis incensis intromittit atque oppido potitur, perpaucis ex hostium numero desideratis quin cuncti caperentur, quod pontis atque itinerum angustiae multitudinis fugam intercluserant. 9. Oppidum diripit atque incendit, praedam militibus donat, exercitum Ligerem traducit atque in Biturigum fines pervenit.

XII. 1. Vercingetorix, ubi de Caesaris adventu cognovit, oppugnatione destitit atque obviam Caesari proficiscitur. 2. Ille oppidum Biturigum positum in via Noviodunum oppugnare instituerat. 3. Quo ex oppido cum legati ad eum venissent oratum ut sibi ignosceret suaeque vitae consuleret, ut celeritate reliquas res conficeret, qua pleraque erat consecutus, arma conferri, equos produci, obsides dari iubet. 4. Parte iam obsidum tradita, cum reliqua administrarentur, centurionibus et paucis militibus intromissis, qui arma iumentaque conquirerent, equitatus hostium procul visus est, qui agmen Vercingetorigis antecesserat. 5. Quem simul atque oppidani conspexerunt atque in spem auxili venerunt, clamore sublato arma capere, portas claudere, murum complere coeperunt. Centuriones in oppido, 6. cum ex significatione Gallorum novi aliquid ab eis iniri consili intellexissent, gladiis destrictis portas occupaverunt suosque omnes incolumes receperunt.

XIII. 1. Caesar ex castris equitatum educi iubet, proelium equestre committit : laborantibus iam suis Germanos equites circiter CCCC summittit, quos ab initio habere secum instituerat. 2. Eorum impetum Galli sustinere non potuerunt atque in fugam coniecti multis amissis se ad agmen receperunt. Quibus profligatis rursus oppidani perterriti comprehensos eos, quorum opera plebem concitatam existimabant, ad Caesarem perduxerunt seseque ei dediderunt. 3. Quibus rebus confectis, Caesar ad oppidum Avaricum, quod erat maximum munitissimumque in finibus Biturigum atque agri fertilissima regione, profectus est, quod eo oppido recepto civitatem Biturigum se in potestatem redacturum confidebat.

XIV. 1. Vercingetorix tot continuis incommodis Vellaunoduni, Cenabi, Novioduni acceptis suos ad concilium convocat. 2. Docet longe alia ratione esse bellum gerendum atque antea gestum sit. Omnibus modis huic rei studendum, ut pabulatione et commeatu Romani prohibeantur : 3. id esse facile, quod equitatu ipsi abundent et quod anni tempore subleventur ; 4. pabulum secari non posse ; necessario dispersos hostes ex aedificiis petere : hos omnes cotidie ab equitibus deligi posse. 5. Praeterea salutis causa rei familiaris commoda neglegenda : vicos atque aedificia incendi oportere hoc spatio ab via quoque versus, quo pabulandi causa adire posse videantur. Harum ipsis rerum copiam suppetere, 6. quod, quorum in finibus bellum geratur, eorum opibus subleventur : 7. Romanos aut inopiam non laturos aut magno periculo longius ab castris processuros ; 8. neque interesse, ipsosne interficiant, impedimentisne exuant, quibus amissis bellum geri non possit. 9. Praeterea oppida incendi oportere, quae non munitione et loci natura ab omni sint periculo tuta, neu suis sint ad detractandam militiam receptacula neu Romanis proposita ad copiam commeatus praedamque tollendam. 10. haec si gravia aut acerba videantur, multo illa gravius aestimare, liberos, coniuges in servitutem abstrahi, ipsos interfici ; quae sit necesse accidere victis.

XV. 1. Omnium consensu hac sententia probata uno die amplius XX urbes Biturigum incenduntur. 2. Hoc idem fit in reliquis civitatibus : in omnibus partibus incendia conspiciuntur ; quae etsi magno cum dolore omnes ferebant, tamen hoc sibi solati proponebant, quod se prope explorata victoria celeriter amissa reciperaturos confidebant. 3. Deliberatur de Avarico in communi concilio, incendi placeret an defendi. 4. Procumbunt omnibus Gallis ad pedes Bituriges, ne pulcherrimam prope totius Galliae urbem, quae praesidio et ornamento sit civitati, suis manibus succendere cogerentur : 5. facile se loci natura defensuros dicunt, quod prope ex omnibus partibus flumine et palude circumdata unum habeat et perangustum aditum. 6. Datur petentibus venia dissuadente primo Vercingetorige, post concedente et precibus ipsorum et misericordia vulgi. Defensores oppido idonei deliguntur.

XVI. 1. Vercingetorix minoribus Caesarem itineribus subsequitur et locum castris deligit paludibus silvisque munitum ab Avarico longe milia passuum XVI. 2. Ibi per certos exploratores in singula diei tempora quae ad Avaricum agerentur cognoscebat et quid fieri vellet imperabat. 3. Omnis nostras pabulationes frumentationesque observabat dispersosque, cum longius necessario procederent, adoriebatur magnoque incommodo adficiebat, etsi, quantum ratione provideri poterat, ab nostris occurrebatur, ut incertis temporibus diversisque itineribus iretur.

XVII. 1. Castris ad eam partem oppidi positis Caesar, quae intermissa [a] flumine et a paludibus aditum, ut supra diximus, angustum habebat, aggerem apparare, vineas agere, turres duas constituere coepit : nam circumvallare loci natura prohibebat. 2. De re frumentaria Boios atque Aeduos adhortari non destitit ; quorum alteri, quod nullo studio agebant, non multum adiuvabant, alteri non magnis facultatibus, quod civitas erat exigua et infirma, celeriter quod habuerunt consumpserunt. 3. Summa difficultate rei frumentariae adfecto exercitu tenuitate Boiorum, indiligentia Aeduorum, incendiis aedificiorum, usque eo ut complures dies frumento milites caruerint et pecore ex longinquioribus vicis adacto extremam famem sustentarent, nulla tamen vox est ab eis audita populi Romani maiestate et superioribus victoriis indigna. 4. Quin etiam Caesar cum in opere singulas legiones appellaret et, si acerbius inopiam ferrent, se dimissurum oppugnationem diceret, universi ab eo, ne id faceret, petebant : 5. sic se complures annos illo imperante meruisse, ut nullam ignominiam acciperent, nusquam infecta re discederent : 6. hoc se ignominiae laturos loco, si inceptam oppugnationem reliquissent : 7. praestare omnes perferre acerbitates, quam non civibus Romanis, qui Cenabi perfidia Gallorum interissent, parentarent. 8. Haec eadem centurionibus tribunisque militum mandabant, ut per eos ad Caesarem deferrentur.

XVIII. 1. Cum iam muro turres appropinquassent, ex captivis Caesar cognovit Vercingetorigem consumpto pabulo castra movisse propius Avaricum atque ipsum cum equitatu expeditisque, qui inter equites proeliari consuessent, insidiarum causa eo profectum, quo nostros postero die pabulatum venturos arbitraretur. 2. Quibus rebus cognitis media nocte silentio profectus ad hostium castra mane pervenit. 3. Illi celeriter per exploratores adventu Caesaris cognito carros impedimentaque sua in artiores silvas abdiderunt, copias omnes in loco edito atque aperto instruxerunt. 4. Qua re nuntiata Caesar celeriter sarcinas conferri, arma expediri iussit.

XIX. 1. Collis erat leniter ab infimo acclivis. Hunc ex omnibus fere partibus palus difficilis atque impedita cingebat non latior pedibus quinquaginta. 2. Hoc se colle interruptis pontibus Galli fiducia loci continebant generatimque distributi in civitates omnia vada ac saltus eius paludis obtinebant, 3. sic animo parati, ut, si eam paludem Romani perrumpere conarentur, haesitantes premerent ex loco superiore; ut qui propinquitatem loci videret paratos prope aequo Marte ad dimicandum existimaret, qui iniquitatem condicionis perspiceret inani simulatione sese ostentare cognosceret. 4. Indignantes milites Gaesar, quod conspectum suum hostes perferre possent tantulo spatio interiecto, et signum proeli exposcentes edocet, quanto detrimento et quot virorum fortium morte necesse sit constare victoriam; quos cum sic animo paratos videat, 5. ut nullum pro sua laude periculum recusent, summae se iniquitatis condemnari debere, nisi eorum vitam sua salute habeat cariorem. 6. Sic milites consolatus eodem die reducit in castra reliquaque quae ad oppugnationem pertinebant oppidi administrare instituit.

XX. 1. Vercingetorix, cum ad suos redisset, proditionis insimulatus, quod castra propius Romanos movisset, quod cum omni equitatu discessisset, quod sine imperio tantas copias reliquisset, quod eius discessu Romani tanta opportunitate et celeritate venissent : 2. non haec omnia fortuito aut sine consilio accidere potuisse; regnum illum Galliae malle Caesaris concessu quam ipsorum habere beneficio 3. –tali modo accusatus ad haec respondit : Quod castra movisset, factum inopia pabuli etiam ipsis hortantibus; quod propius Romanos accessisset, persuasum loci opportunitate, qui se ipsum munitione defenderet : 4. equitum vero operam neque in loco palustri desiderari debuisse et illic fuisse utilem, quo sint profecti. 5. Summam imperi se consulto nulli discedentem tradidisse, ne is multitudinis studio ad dimicandum impelleretur; cui rei propter animi mollitiem studere omnes videret, quod diutius laborem ferre non possent. 6. Romani si casu intervenerint, fortunae, si alicuius indicio vocati, huic habendam gratiam, quod et paucitatem eorum ex loco superiore cognoscere et virtutem despicere potuerint, qui dimicare non ausi turpiter se in castra receperint. 7. Imperium se ab Caesare per proditionem nullum desiderare, quod habere victoria posset, quae iam esset sibi atque omnibus Gallis explorata : quin etiam ipsis remittere, si sibi magis honorem tribuere, quam ab se salutem accipere videantur. 8. "Haec ut intellegatis," inquit, "a me sincere pronuntiari, audite Romanos milites." Producit servos, 9. quos in pabulatione paucis ante diebus exceperat et fame vinculisque excruciaverat. Hi iam ante edocti quae interrogati pronuntiarent, 10. milites se esse legionarios dicunt; fame et inopia adductos clam ex castris exisse, si quid frumenti aut pecoris in agris reperire possent : 11. simili omnem exercitum inopia premi, nec iam vires sufficere cuiusquam nec ferre operis laborem posse : itaque statuisse imperatorem, si nihil in oppugnatione oppidi profecissent, triduo exercitum deducere. "Haec," inquit, "a me," Vercingetorix, "beneficia habetis, 12. quem proditionis insimulatis;

cuius opera sine vestro sanguine tantum exercitum victorem fame consumptum videtis ; quem turpiter se ex fuga recipientem ne qua civitas suis finibus recipiat a me provisum est."

XXI. 1. Conclamat omnis multitudo et suo more armis concrepat, quod facere in eo consuerunt cuius orationem approbant : summum esse Vercingetorigem ducem, nec de eius fide dubitandum, nec maiore ratione bellum administrari posse. 2. Statuunt, ut X milia hominum delecta ex omnibus copiis in oppidum mittantur, 3. nec solis Biturigibus communem salutem committendam censent, quod paene in eo, si id oppidum retinuissent, summam victoriae constare intellegebant.

XXII. 1. Singulari militum nostrorum virtuti consilia cuiusque modi Gallorum occurrebant, ut est summae genus sollertiae atque ad omnia imitanda et efficienda, quae ab quoque traduntur, aptissimum. 2. Nam et laqueis falces avertebant, quas, cum destinaverant, tormentis introrsus reducebant, et aggerem cuniculis subtrahebant, eo scientius quod apud eos magnae sunt ferrariae atque omne genus cuniculorum notum atque usitatum est. 3. Totum autem murum ex omni parte turribus contabulaverant atque has coriis intexerant. 4. Tum crebris diurnis nocturnisque eruptionibus aut aggeri ignem inferebant aut milites occupatos in opere adoriebantur, et nostrarum turrium altitudinem, quantum has cotidianus agger expresserat, 5. commissis suarum turrium malis adaequabant, et apertos cuniculos praeusta et praeacuta materia et pice fervefacta et maximi ponderis saxis morabantur moenibusque appropinquare prohibebant.

XXIII. 1. Muri autem omnes Gallici hac fere forma sunt. Trabes derectae perpetuae in longitudinem paribus intervallis, distantes inter se binos pedes, in solo collocantur. 2. Hae revinciuntur introrsus et multo aggere vestiuntur : ea autem, quae diximus, intervalla grandibus in fronte saxis effarciuntur. 3. His collocatis et coagmentatis alius insuper ordo additur, ut idem illud intervallum servetur neque inter se contingant trabes, sed paribus intermissae spatiis singulae singulis saxis interiectis arte contineantur. 4. Sic deinceps omne opus contexitur, dum iusta muri altitudo expleatur. 5. Hoc cum in speciem varietatemque opus deforme non est alternis trabibus ac saxis, quae rectis lineis suos ordines servant, tum ad utilitatem et defensionem urbium summam habet opportunitatem, quod et ab incendio lapis et ab ariete materia defendit, quae perpetuis trabibus pedes quadragenos plerumque introrsus revincta neque perrumpi neque distrahi potest.

XXIV. 1. His tot rebus impedita oppugnatione milites, cum toto tempore frigore et assiduis imbribus tardarentur, tamen continenti labore omnia haec superaverunt et diebus XXV aggerem latum pedes CCCXXX, altum pedes LXXX exstruxerunt. 2. Cum is murum hostium paene contingeret, et Caesar ad opus consuetudine excubaret militesque hortaretur, ne quod omnino tempus ab opere intermitteretur, paulo ante tertiam vigiliam est animadversum fumare aggerem, quem cuniculo hostes succenderant, 3. eodemque tempore toto muro clamore sublato duabus portis ab utroque latere turrium eruptio fiebat. 4. Alii faces atque aridam materiem de muro in aggerem eminus iaciebant, picem reliquasque res, quibus ignis excitari potest, fundebant, ut quo primum curreretur aut cui rei ferretur auxilium vix ratio iniri posset. 5. Tamen, quod instituto Caesaris semper duae legiones pro castris excubabant pluresque partitis temporibus erant in opere, celeriter factum est, ut alii eruptionibus resisterent, alii turres reducerent aggeremque interscinderent, omnis vero ex castris multitudo ad restinguendum concurreret.

XXV. 1. Cum in omnibus locis consumpta iam reliqua parte noctis pugnaretur, semperque hostibus spes victoriae redintegraretur, eo magis, quod deustos pluteos turrium videbant nec facile adire apertos ad auxiliandum animadvertebant, semperque ipsi recentes defessis succederent omnemque Galliae salutem in illo vestigio temporis positam arbitrarentur, accidit inspectantibus nobis quod dignum memoria visum praetereundum non existimavimus. 2. Quidam ante portam oppidi Gallus per manus sebi ac picis traditas glebas in ignem e regione turris proiciebat : scorpione ab latere dextro traiectus exanimatusque concidit. 3. Hunc ex proximis unus iacentem transgressus eodem illo munere fungebatur ; 4. eadem ratione ictu scorpionis exanimato alteri successit tertius et tertio quartus, nec prius ille est a propugnatoribus vacuus relictus locus quam restincto aggere atque omni ex parte summotis hostibus finis est pugnandi factus.

XXVI. 1. Omnia experti Galli, quod res nulla successerat, postero die consilium ceperunt ex oppido profugere hortante et iubente Vercingetorige. 2. Id silentio noctis conati non magna iactura suorum sese effecturos sperabant, propterea quod neque longe ab oppido castra Vercingetorigis aberant, et palus, quae perpetua intercedebat, Romanos ad insequendum tardabat. 3. Iamque hoc facere noctu apparabant, cum matres familiae repente in publicum procurrerunt flentesque proiectae ad pedes suorum omnibus precibus petierunt, ne se et communes liberos hostibus ad supplicium dederent, quos ad capiendam fugam naturae et virium infirmitas impediret. 4. Vbi eos in sententia perstare viderunt, quod plerumque in summo periculo timor misericordiam non recipit, conclamare et significare de fuga Romanis coeperunt. 5. Quo timore perterriti Galli, ne ab equitatu Romanorum viae praeoccuparentur, consilio destiterunt.

XXVII. 1. Postero die Caesar promota turri perfectisque operibus quae facere instituerat, magno coorto imbre non inutilem hanc ad capiendum consilium tempestatem arbitratus est, quod paulo incautius custodias in muro dispositas videbat, suosque languidius in opere versari iussit et quid fieri vellet ostendit. 2. Legionibusque intra vineas in occulto expeditis, cohortatus ut aliquando pro tantis laboribus fructum victoriae perciperent, eis qui primi murum ascendissent praemia proposuit militibusque signum dedit. 3. Illi subito ex omnibus partibus evolaverunt murumque celeriter compleverunt.

XXVIII. 1. Hostes re nova perterriti muro turribusque deiecti in foro ac locis patentioribus cuneatim constiterunt, hoc animo ut si qua ex parte obviam contra veniretur acie instructa depugnarent. 2. Vbi neminem in aequum locum sese demittere, sed toto undique muro circumfundi viderunt, veriti ne omnino spes fugae tolleretur, abiectis armis ultimas oppidi partes continenti impetu petiverunt, 3. parsque ibi, cum angusto exitu portarum se ipsi premerent, a militibus, pars iam egressa portis ab equitibus est interfecta; 4. nec fuit quisquam, qui praedae studeret. Sic et Cenabi caede et labore operis incitati non aetate confectis, non mulieribus, non infantibus pepercerunt. 5. Denique ex omni numero, qui fuit circiter milium XL, vix DCCC, qui primo clamore audito se ex oppido eiecerunt, incolumes ad Vercingetorigem pervenerunt. 6. Quos ille multa iam nocte silentio ex fuga excepit, veritus ne qua in castris ex eorum concursu et misericordia vulgi seditio oreretur, ut procul in via dispositis familiaribus suis principibusque civitatum disparandos deducendosque ad suos curaret, quae cuique civitati pars castrorum ab initio obvenerat.

XXIX. 1. Postero die concilio convocato consolatus cohortatusque est ne se admodum animo demitterent, ne perturbarentur incommodo; 2. non virtute neque in acie vicisse Romanos, sed artificio quodam et scientia oppugnationis, cuius rei fuerint ipsi imperiti; 3. errare, si qui in bello omnes secundos rerum proventus exspectent. 4. Sibi numquam placuisse Avaricum defendi, cuius rei testes ipsos haberet; sed factum imprudentia Biturigum et nimia obsequentia reliquorum uti hoc incommodum acciperetur; 5. id tamen se celeriter maioribus commodis sanaturum. 6. Nam quae ab reliquis Gallis civitates dissentirent, has sua diligentia adiuncturum atque unum consilium totius Galliae effecturum, cuius consensui ne orbis quidem terrarum possit obsistere; idque se prope iam effectum habere. 7. Interea aequum esse ab eis communis salutis causa impetrari ut castra munire instituerent, quo facilius repentinos hostium impetus sustinerent.

XXX. 1. Fuit haec oratio non ingrata Gallis, et maxime, quod ipse animo non defecerat tanto accepto incommodo neque se in occultum abdiderat et conspectum multitudinis fugerat; 2. plusque animo providere et praesentire existimabatur, quod re integra primo incendendum Avaricum, post deserendum censuerat. 3. Itaque ut reliquorum imperatorum res adversae auctoritatem minuunt, sic huius ex contrario dignitas incommodo accepto in dies augebatur. 4. Simul in spem veniebant eius adfirmatione de reliquis adiungendis civitatibus; primumque eo tempore Galli castra munire instituerunt et sic sunt animo confirmati, homines insueti laboris, ut omnia quae imperarentur sibi patienda existimarent.

XXXI. 1. Nec minus quam est pollicitus Vercingetorix animo laborabat ut reliquas civitates adiungeret, atque eas donis pollicitationibusque alliciebat. Huic rei idoneos homines deligebat, 2. quorum quisque aut oratione subdola aut amicitia facillime capere posset. Qui Avarico expugnato refugerant, 3. armandos vestiendosque curat; 4. simul, ut deminutae copiae redintegrarentur, imperat certum numerum militum civitatibus, quem et quam ante diem in castra adduci velit, sagittariosque omnes, quorum erat permagnus numerus in Gallia, conquiri et ad se mitti iubet. His rebus celeriter id quod Avarici deperierat expletur. 5. Interim Teutomatus, Olloviconis filius, rex Nitiobrigum, cuius pater ab senatu nostro amicus erat appellatus, cum magno equitum suorum numero et quos ex Aquitania conduxerat ad eum pervenit.

XXXII. 1. Caesar Avarici complures dies commoratus summamque ibi copiam frumenti et reliqui commeatus nactus exercitum ex labore atque inopia refecit. 2. Iam prope hieme confecta cum ipso anni tempore ad gerendum bellum vocaretur et ad hostem proficisci constituisset, sive eum ex paludibus silvisque elicere sive obsidione premere posset, legati ad eum principes Aeduorum veniunt oratum ut maxime necessario tempore civitati subveniat : 3. summo esse in periculo rem, quod, cum singuli magistratus antiquitus creari atque regiam potestatem annum obtinere consuessent, duo magistratum gerant et se uterque eorum legibus creatum esse dicat. 4. Horum esse alterum Convictolitavem, florentem et illustrem adulescentem, alterum Cotum, antiquissima familia natum atque ipsum hominem summae potentiae et magnae cognationis, cuius frater Valetiacus proximo anno eundem magistratum gesserit. 5. Civitatem esse omnem in armis ; divisum senatum, divisum populum, suas cuiusque eorum clientelas. Quod si diutius alatur controversia, fore uti pars cum parte civitatis confligat. Id ne accidat, positum in eius diligentia atque auctoritate.

XXXIII. 1. Caesar, etsi a bello atque hoste discedere detrimentosum esse existimabat, tamen non ignorans quanta ex dissensionibus incommoda oriri consuessent, ne tanta et tam coniuncta populo Romano civitas, quam ipse semper aluisset omnibusque rebus ornasset, ad vim atque arma descenderet, atque ea pars quae minus sibi confideret auxilia a Vercingetorige arcesseret, 2. huic rei praevertendum existimavit et, quod legibus Aeduorum eis, qui summum magistratum obtinerent, excedere ex finibus non liceret, ne quid de iure aut de legibus eorum deminuisse videretur, ipse in Aeduos proficisci statuit senatumque omnem et quos inter controversia esset ad se Decetiam evocavit. 3. Cum prope omnis civitas eo convenisset, docereturque paucis clam convocatis alio loco, alio tempore atque oportuerit fratrem a fratre renuntiatum, cum leges duo ex una familia vivo utroque non solum magistratus creari vetarent, sed etiam in senatu esse prohiberent, Cotum imperium deponere coegit, Convictolitavem, 4. qui per sacerdotes more civitatis intermissis magistratibus esset creatus, potestatem obtinere iussit.

XXXIV. 1. Hoc decreto interposito cohortatus Aeduos, ut controversiarum ac dissensionis obliviscerentur atque omnibus omissis his rebus huic bello servirent eaque quae meruissent praemia ab se devicta Gallia exspectarent equitatumque omnem et peditum milia decem sibi celeriter mitterent, quae in praesidiis rei frumentariae causa disponeret, exercitum in duas partes divisit : 2. quattuor legiones in Senones Parisiosque Labieno ducendas dedit, sex ipse in Arvernos ad oppidum Gergoviam secundum flumen Elaver duxit ; equitatus partem illi attribuit, partem sibi reliquit. 3. Qua re cognita Vercingetorix omnibus interruptis eius fluminis pontibus ab altera fluminis parte iter facere coepit.

XXXV. 1. Cum uterque utrimque exisset exercitus, in conspectu fereque e regione castris castra ponebant dispositis exploratoribus, necubi effecto ponte Romani copias traducerent. Erat in magnis Caesaris difficultatibus res, ne maiorem aestatis partem flumine impediretur, quod non fere ante autumnum Elaver vado transiri solet. 2. Itaque, ne id accideret, silvestri loco castris positis e regione unius eorum pontium, quos Vercingetorix rescindendos curaverat, postero die cum duabus legionibus in occulto restitit ; 3. reliquas copias cum omnibus impedimentis, ut consueverat, misit, apertis quibusdam cohortibus, uti numerus legionum constare videretur. 4. His quam longissime possent egredi iussis, cum iam ex diei tempore coniecturam ceperat in castra perventum, isdem sublicis, quarum pars inferior integra remanebat, pontem reficere coepit. 5. Celeriter effecto opere legionibusque traductis et loco castris idoneo delecto reliquas copias revocavit. 6. Vercingetorix re cognita, ne contra suam voluntatem dimicare cogeretur, magnis itineribus antecessit.

XXXVI. 1. Caesar ex eo loco quintis castris Gergoviam pervenit equestrique eo die proelio levi facto perspecto urbis situ, quae posita in altissimo monte omnes aditus difficiles habebat, de expugnatione desperavit, de obsessione non prius agendum constituit, quam rem frumentariam expedisset. 2. At Vercingetorix castris, prope oppidum positis, mediocribus circum se intervallis separatim singularum civitatium copias collocaverat atque omnibus eius iugi collibus occupatis, qua despici poterat, 3. horribilem speciem praebebat; principesque earum civitatium, quos sibi ad consilium capiendum delegerat, prima luce cotidie ad se convenire iubebat, seu quid communicandum, seu quid administrandum videretur; 4. neque ullum fere diem intermittebat quin equestri proelio interiectis sagittariis, quid in quoque esset animi ac virtutis suorum perspiceret. 5. Erat e regione oppidi collis sub ipsis radicibus montis, egregie munitus atque ex omni parte circumcisus; quem si tenerent nostri, et aquae magna parte et pabulatione libera prohibituri hostes videbantur; 6. sed is locus praesidio ab his non nimis firmo tenebatur; 7. tamen silentio noctis Caesar ex castris egressus, priusquam subsidio ex oppido veniri posset, deiecto praesidio potitus loco duas ibi legiones collocavit fossamque duplicem duodenum pedum a maioribus castris ad minora perduxit, ut tuto ab repentino hostium incursu etiam singuli commeare possent.

XXXVII. 1. Dum haec ad Gergoviam geruntur, Convictolitavis Aeduus, cui magistratum adiudicatum a Caesare demonstravimus, sollicitatus ab Arvernis pecunia cum quibusdam adulescentibus colloquitur; quorum erat princeps Litaviccus atque eius fratres, amplissima familia nati adulescentes. 2. Cum his praemium communicat hortaturque, ut se liberos et imperio natos meminerint. 3. Vnam esse Aeduorum civitatem, quae certissimam Galliae victoriam detineat; eius auctoritate reliquas contineri; qua traducta locum consistendi Romanis in Gallia non fore. 4. Esse nonnullo se Caesaris beneficio adfectum, sic tamen, ut iustissimam apud eum causam obtinuerit; sed plus communi libertati tribuere. 5. Cur enim potius Aedui de suo iure et de legibus ad Caesarem disceptatorem, quam Romani ad Aeduos veniant? 6. Celeriter adulescentibus et oratione magistratus et praemio deductis, cum se vel principes eius consili fore profiterentur, ratio perficiendi quaerebatur, quod civitatem temere ad suscipiendum bellum adduci posse non confidebant. 7. Placuit ut Litaviccus decem illis milibus, quae Caesari ad bellum mitterentur, praeficeretur atque ea ducenda curaret, fratresque eius ad Caesarem praecurrerent. Reliqua qua ratione agi placeat constituunt.

XXXVIII. 1. Litaviccus accepto exercitu, cum milia passuum circiter XXX ab Gergovia abesset, convocatis subito militibus lacrimans, "Quo proficiscimur," inquit, "milites? 2. Omnis noster equitatus, omnis nobilitas interiit; principes civitatis, Eporedorix et Viridomarus, insimulati proditionis ab Romanis indicta causa interfecti sunt. 3. Haec ab ipsis cognoscite, qui ex ipsa caede fugerunt : nam ego fratribus atque omnibus meis propinquis interfectis dolore prohibeor, 4. quae gesta sunt, pronuntiare." Producuntur hi quos ille edocuerat quae dici vellet, atque eadem, quae Litaviccus pronuntiaverat, multitudini exponunt : multos equites Aeduorum interfectos, 5. quod collocuti cum Arvernis dicerentur; ipsos se inter multitudinem militum occultasse atque ex media caede fugisse. 6. Conclamant Aedui et Litaviccum obsecrant ut sibi consulat. "Quasi vero," inquit ille, "consili sit res, ac non necesse sit nobis Gergoviam contendere et cum Arvernis nosmet coniungere. 7. An dubitamus quin nefario facinore admisso Romani iam ad nos interficiendos concurrant? Proinde, si quid in nobis animi est, 8. persequamur eorum mortem qui indignissime interierunt, atque hos latrones interficiamus." Ostendit cives Romanos, qui eius praesidi fiducia una erant : 9. magnum numerum frumenti commeatusque diripit, ipsos crudeliter excruciatos interficit. 10. nuntios tota civitate Aeduorum dimittit, eodem mendacio de caede equitum et principum permovet; hortatur ut simili ratione atque ipse fecerit suas iniurias persequantur.

XXXIX. 1. Eporedorix Aeduus, summo loco natus adulescens et summae domi potentiae, et una Viridomarus, pari aetate et gratia, sed genere dispari, quem Caesar ab Diviciaco sibi traditum ex humili loco ad summam dignitatem perduxerat, in equitum numero convenerant nominatim ab eo evocati. 2. His erat inter se de principatu contentio, et in illa magistratuum controversia alter pro Convictolitavi, alter pro Coto summis opibus pugnaverant. 3. Ex eis Eporedorix cognito Litavicci consilio media fere nocte rem ad Caesarem defert; orat ne patiatur civitatem pravis adulescentium consiliis ab amicitia populi Romani deficere; quod futurum provideat, si se tot hominum milia cum hostibus coniunxerint, quorum salutem neque propinqui neglegere, neque civitas levi momento aestimare posset.

XL. 1. Magna adfectus sollicitudine hoc nuntio Caesar, quod semper Aeduorum civitati praecipue indulserat, nulla interposita dubitatione legiones expeditas quattuor equitatumque omnem ex castris educit; 2. nec fuit spatium tali tempore ad contrahenda castra, quod res posita in celeritate videbatur; Gaium Fabium legatum cum legionibus duabus castris praesidio relinquit. 3. Fratres Litavicci cum comprehendi iussisset, paulo ante reperit ad hostes fugisse. 4. Adhortatus milites, ne necessario tempore itineris labore permoveantur, cupidissimis omnibus progressus milia passuum XXV agmen Aeduorum conspicatus immisso equitatu iter eorum moratur atque impedit interdicitque omnibus ne quemquam interficiant. Eporedorigem et Viridomarum, 5. quos illi interfectos existimabant, inter equites versari suosque appellare iubet. 6. His cognitis et Litavicci fraude perspecta Aedui manus tendere, deditionem significare et proiectis armis mortem deprecari incipiunt. 7. Litaviccus cum suis clientibus, quibus more Gallorum nefas est etiam in extrema fortuna deserere patronos, Gergoviam profugit.

XLI. 1. Caesar nuntiis ad civitatem Aeduorum missis, qui suo beneficio conservatos docerent quos iure belli interficere potuisset, tribusque horis noctis exercitui ad quietem datis castra ad Gergoviam movit. 2. Medio fere itinere equites a Fabio missi, quanto res in periculo fuerit, exponunt. Summis copiis castra oppugnata demonstrant, cum crebro integri defessis succederent nostrosque assiduo labore defatigarent, quibus propter magnitudinem castrorum perpetuo esset isdem in vallo permanendum; 3. multitudine sagittarum atque omnis generis telorum multos vulneratos; ad haec sustinenda magno usui fuisse tormenta. 4. Fabium discessu eorum duabus relictis portis obstruere ceteras pluteosque vallo addere et se in posterum diem similemque casum apparare. 5. His rebus cognitis Caesar summo studio militum ante ortum solis in castra pervenit.

XLII. 1. Dum haec ad Gergoviam geruntur, Aedui primis nuntiis ab Litavicco acceptis nullum sibi ad cognoscendum spatium relinquunt. 2. Impellit alios avaritia, alios iracundia et temeritas, quae maxime illi hominum generi est innata, ut levem auditionem habeant pro re comperta. 3. Bona civium Romanorum diripiunt, caedes faciunt, in servitutem abstrahunt. 4. Adiuvat rem proclinatam Convictolitavis plebemque ad furorem impellit, ut facinore admisso ad sanitatem reverti pudeat. 5. Marcum Aristium, tribunum militum, iter ad legionem facientem fide data ex oppido Cabillono educunt : idem facere cogunt eos, qui negotiandi causa ibi constiterant. 6. Hos continuo (in) itinere adorti omnibus impedimentis exuunt ; repugnantes diem noctemque obsident ; multis utrimque interfectis maiorem multitudinem armatorum concitant.

XLIII. 1. Interim nuntio allato omnes eorum milites in potestate Caesaris teneri, concurrunt ad Aristium, nihil publico factum consilio demonstrant ; quaestionem de bonis direptis decernunt, 2. Litavicci fatrumque bona publicant, legatos ad Caesarem sui purgandi gratia mittunt. 3. Haec faciunt reciperandorum suorum causa ; sed contaminati facinore et capti compendio ex direptis bonis, quod ea res ad multos pertinebat, timore poenae exterriti consilia clam de bello inire incipiunt civitatesque reliquas legationibus sollicitant. 4. Quae tametsi Caesar intellegebat, tamen quam mitissime potest legatos appellat : nihil se propter inscientiam levitatemque vulgi gravius de civitate iudicare neque de sua in Aeduos benevolentia deminuere. 5. Ipse maiorem Galliae motum exspectans, ne ab omnibus civitatibus circumsisteretur, consilia inibat quemadmodum ab Gergovia discederet ac rursus omnem exercitum contraheret, 6. ne profectio nata ab timore defectionis similis fugae videretur.

XLIV. 1. Haec cogitanti accidere visa est facultas bene rei gerendae. Nam cum in minora castra operis perspiciendi causa venisset, animadvertit collem, qui ab hostibus tenebatur, nudatum hominibus, qui superioribus diebus vix prae multitudine cerni poterat. 2. Admiratus quaerit ex perfugis causam, quorum magnus ad eum cotidie numerus confluebat. 3. Constabat inter omnes, quod iam ipse Caesar per exploratores cognoverat, dorsum esse eius iugi prope aequum, sed hunc silvestrem et angustum, qua esset aditus ad alteram partem oppidi ; huic loco vehementer illos timere nec iam aliter sentire, uno colle ab Romanis occupato, si alterum amisissent, quin paene circumvallati atque omni exitu et pabulatione interclusi viderentur :

ad hunc muniendum omnes a Vercingetorige evocatos.

XLV. 1. Hac re cognita Caesar mittit complures equitum turmas; eis de media nocte imperat, ut paulo tumultuosius omnibus locis vagarentur. 2. Prima luce magnum numerum impedimentorum ex castris mulorumque produci deque his stramenta detrahi mulionesque cum cassidibus equitum specie ac simulatione collibus circumvehi iubet. 3. His paucos addit equites qui latius ostentationis causa vagarentur. Longo circuitu easdem omnes iubet petere regiones. 4. Haec procul ex oppido videbantur, ut erat a Gergovia despectus in castra, neque tanto spatio certi quid esset explorari poterat. 5. Legionem unam eodem iugo mittit et paulum progressam inferiore constituit loco silvisque occultat. 6. Augetur Gallis suspicio, atque omnes illo ad munitionem copiae traducuntur. 7. Vacua castra hostium Caesar conspicatus tectis insignibus suorum occultatisque signis militaribus raros milites, ne ex oppido animadverterentur, ex maioribus castris in minora traducit legatisque, quos singulis legionibus praefecerat, quid fieri velit ostendit : 8. in primis monet ut contineant milites, ne studio pugnandi aut spe praedae longius progrediantur ; 9. quid iniquitas loci habeat incommodi proponit : hoc una celeritate posse mutari ; occasionis esse rem, non proeli. 10. His rebus expositis signum dat et ab dextra parte alio ascensu eodem tempore Aeduos mittit.

XLVI. 1. Oppidi murus ab planitie atque initio ascensus recta regione, si nullus anfractus intercederet, MCC passus aberat : 2. quidquid huc circuitus ad molliendum clivum accesserat, id spatium itineris augebat. 3. A medio fere colle in longitudinem, ut natura montis ferebat, ex grandibus saxis sex pedum murum qui nostrorum impetum tardaret praeduxerant Galli, atque inferiore omni spatio vacuo relicto superiorem partem collis usque ad murum oppidi densissimis castris compleverant. 4. Milites dato signo celeriter ad munitionem perveniunt eamque transgressi trinis castris potiuntur ; 5. ac tanta fuit in castris capiendis celeritas, ut Teutomatus, rex Nitiobrigum, subito in tabernaculo oppressus, ut meridie conquieverat, superiore corporis parte nudata vulnerato equo vix se ex manibus praedantium militum eriperet.

XLVII. 1. Consecutus id quod animo proposuerat, Caesar receptui cani iussit legionique decimae, quacum erat, continuo signa constituit. 2. Ac reliquarum legionum milites non exaudito sono tubae, quod satis magna valles intercedebat, tamen ab tribunis militum legatisque, ut erat a Caesare praeceptum, retinebantur. 3. Sed elati spe celeris victoriae et hostium fuga et superiorum temporum secundis proeliis nihil adeo arduum sibi esse existimaverunt quod non virtute consequi possent, neque finem prius sequendi fecerunt quam muro oppidi portisque appropinquarunt. Tum vero ex omnibus urbis partibus orto clamore, 4. qui longius aberant repentino tumultu perterriti, cum hostem intra portas esse existimarent, sese ex oppido eiecerunt. 5. Matres familiae de muro vestem argentumque iactabant et pectore nudo prominentes passis manibus obtestabantur Romanos, ut sibi parcerent neu, sicut Avarici fecissent, ne a mulieribus quidem atque infantibus abstinerent : 6. nonnullae de muris per manus demissae sese militibus tradebant. 7. Lucius Fabius, centurio legionis VIII, quem inter suos eo die dixisse constabat excitari se Avaricensibus praemiis neque commissurum, ut prius quisquam murum ascenderet, tres suos nactus manipulares atque ab eis sublevatus murum ascendit : hos ipse rursus singulos exceptans in murum extulit.

XLVIII. 1. Interim ei qui ad alteram partem oppidi, ut supra demonstravimus, munitionis causa convenerant, primo exaudito clamore, inde etiam crebris nuntiis incitati, oppidum a Romanis teneri, praemissis equitibus magno concursu eo contenderunt. 2. Eorum ut quisque primus venerat, sub muro consistebat suorumque pugnantium numerum augebat. 3. Quorum cum magna multitudo convenisset, matres familiae, quae paulo ante Romanis de muro manus tendebant, suos obtestari et more Gallico passum capillum ostentare liberosque in conspectum proferre coeperunt. 4. Erat Romanis nec loco nec numero aequa contentio ; simul et cursu et spatio pugnae defatigati non facile recentes atque integros sustinebant.

XLIX. 1. Caesar, cum iniquo loco pugnari hostiumque augeri copias videret, praemetuens suis ad Titum Sextium legatum, quem minoribus castris praesidio reliquerat, misit, ut cohortes ex castris celeriter educeret et sub infimo colle ab dextro latere hostium constitueret, 2. ut, si nostros loco depulsos vidisset, quo minus libere hostes insequerentur terreret. 3. Ipse paulum ex eo loco cum legione progressus, ubi constiterat, eventum pugnae exspectabat.

L. 1. Cum acerrime comminus pugnaretur, hostes loco et numero, nostri virtute confiderent, subito sunt Aedui visi ab latere nostris aperto, quos Caesar ab dextra parte alio ascensu manus distinendae causa miserat. 2. Hi similitudine armorum vehementer nostros perterruerunt, ac tametsi dextris humeris exsertis animadvertebantur, quod insigne pactum esse consuerat, tamen id ipsum sui fallendi causa milites ab hostibus factum existimabant. 3. Eodem tempore Lucius Fabius centurio quique una murum ascenderant circumventi atque interfecti muro praecipitabantur. 4. Marcus Petronius, eiusdem legionis centurio, cum portam excidere conatus esset, a multitudine oppressus ac sibi desperans multis iam vulneribus acceptis manipularibus suis, qui illum secuti erant, "Quoniam," inquit, "me una vobiscum servare non possum, vestrae quidem certe vitae prospiciam, quos cupiditate gloriae adductus in periculum deduxi. 5. Vos data facultate vobis consulite." Simul in medios hostes irrupit duobusque interfectis reliquos a porta paulum summovit. 6. Conantibus auxiliari suis "Frustra," inquit, "meae vitae subvenire conamini, quem iam sanguis viresque deficiunt. Proinde abite, dum est facultas, vosque ad legionem recipite." Ita pugnans post paulum concidit ac suis saluti fuit.

LI. 1. Nostri, cum undique premerentur, XLVI centurionibus amissis deiecti sunt loco. Sed intolerantius Gallos insequentes legio decima tardavit, quae pro subsidio paulo aequiore loco constiterat. 2. Hanc rursus XIII legionis cohortes exceperunt, quae ex castris minoribus eductae cum Tito Sextio legato ceperant locum superiorem. 3. Legiones, ubi primum planitiem attigerunt, infestis contra hostes signis constiterunt. 4. Vercingetorix ab radicibus collis suos intra munitiones reduxit. Eo die milites sunt paulo minus septingenti desiderati.

LII. 1. Postero die Caesar contione advocata temeritatem cupiditatemque militum reprehendit, quod sibi ipsi iudicavissent quo procedendum aut quid agendum videretur, neque signo recipiendi dato constitissent neque ab tribunis militum legatisque retineri potuissent.

2. Exposuit quid iniquitas loci posset, quid ipse ad Avaricum sensisset, cum sine duce et sine equitatu deprehensis hostibus exploratam victoriam dimisisset, ne parvum modo detrimentum in contentione propter iniquitatem loci accideret. 3. Quanto opere eorum animi magnitudinem admiraretur, quos non castrorum munitiones, non altitudo montis, non murus oppidi tardare potuisset, tanto opere licentiam arrogantiamque reprehendere, quod plus se quam imperatorem de victoria atque exitu rerum sentire existimarent; 4. nec minus se ab milite modestiam et continentiam quam virtutem atque animi magnitudinem desiderare.

LIII. 1. Hac habita contione et ad extremam orationem confirmatis militibus, ne ob hanc causam animo permoverentur neu quod iniquitas loci attulisset id virtuti hostium tribuerent, eadem de profectione cogitans quae ante senserat legiones ex castris eduxit aciemque idoneo loco constituit. 2. Cum Vercingetorix nihil magis in aequum locum descenderet, levi facto equestri proelio atque secundo in castra exercitum reduxit. 3. Cum hoc idem postero die fecisset, satis ad Gallicam ostentationem minuendam militumque animos confirmandos factum existimans in Aeduos movit castra. 4. Ne tum quidem insecutis hostibus tertio die ad flumen Elaver venit; pontem refecit exercitumque traduxit.

LIV. 1. Ibi a Viridomaro atque Eporedorige Aeduis appellatus discit cum omni equitatu Litaviccum ad sollicitandos Aeduos profectum : opus esse ipsos antecedere ad confirmandam civitatem. 2. Etsi multis iam rebus perfidiam Aeduorum perspectam habebat atque horum discessu admaturari defectionem civitatis existimabat, tamen eos retinendos non constituit, ne aut inferre iniuriam videretur aut dare timoris aliquam suspicionem. Discedentibus his breviter sua in Aeduos merita exposuit, 3. quos et quam humiles accepisset, compulsos in oppida, multatos agris omnibus ereptis copiis, imposito stipendio, obsidibus summa cum contumelia extortis, 4. et quam in fortunam quamque in amplitudinem deduxisset, ut non solum in pristinum statum redissent, sed omnium temporum dignitatem et gratiam antecessisse viderentur. His datis mandatis eos ab se dimisit.

LV. 1. Noviodunum erat oppidum Aeduorum ad ripas Ligeris opportuno loco positum. 2. Huc Caesar omnes obsides Galliae, frumentum, pecuniam publicam, suorum atque exercitus impedimentorum magnam partem contulerat; 3. huc magnum numerum equorum huius belli causa in Italia atque Hispania coemptum miserat. 4. Eo cum Eporedorix Viridomarusque venissent et de statu civitatis cognovissent, Litaviccum Bibracti ab Aeduis receptum, quod est oppidum apud eos maximae auctoritatis, Convictolitavim magistratum magnamque partem senatus ad eum convenisse, legatos ad Vercingetorigem de pace et amicitia concilianda publice missos, non praetermittendum tantum commodum existimaverunt. 5. Itaque interfectis Novioduni custodibus quique eo negotiandi causa convenerant pecuniam atque equos inter se partiti sunt; 6. obsides civitatum Bibracte ad magistratum deducendos curaverunt; oppidum, 7. quod a se teneri non posse iudicabant, ne cui esset usui Romanis, incenderunt; 8. frumenti quod subito potuerunt navibus avexerunt, reliquum flumine atque incendio corruperunt. 9. Ipsi ex finitimis regionibus copias cogere, praesidia custodiasque ad ripas Ligeris disponere equitatumque omnibus locis iniciendi timoris causa ostentare coeperunt, si ab re frumentaria Romanos excludere aut adductos inopia in provinciam expellere possent. 10. quam ad spem multum eos adiuvabat, quod Liger ex nivibus creverat, ut omnino vado non posse transiri videretur.

LVI. 1. Quibus rebus cognitis Caesar maturandum sibi censuit, si esset in perficiendis pontibus periclitandum, ut prius quam essent maiores eo coactae copiae dimicaret. 2. Nam ut commutato consilio iter in provinciam converteret, id ne metu quidem necessario faciendum existimabat; cum infamia atque indignitas rei et oppositus mons Cevenna viarumque difficultas impediebat, tum maxime quod abiuncto Labieno atque eis legionibus quas una miserat vehementer timebat. 3. Itaque admodum magnis diurnis nocturnisque itineribus confectis contra omnium opinionem ad Ligerem venit 4. vadoque per equites invento pro rei necessitate opportuno, ut brachia modo atque humeri ad sustinenda arma liberi ab aqua esse possent, disposito equitatu qui vim fluminis refringeret, atque hostibus primo aspectu perturbatis, 5. incolumem exercitum traduxit frumentumque in agris et pecoris copiam nactus repleto his rebus exercitu iter in

Senones facere instituit.

LVII. 1. Dum haec apud Caesarem geruntur, Labienus eo supplemento, quod nuper ex Italia venerat, relicto Agedinci, ut esset impedimentis praesidio, cum quattuor legionibus Lutetiam proficiscitur. Id est oppidum Parisiorum, quod positum est in insula fluminis Sequanae. 2. Cuius adventu ab hostibus cognito magnae ex finitimis civitatibus copiae convenerunt. 3. Summa imperi traditur Camulogeno Aulerco, qui prope confectus aetate tamen propter singularem scientiam rei militaris ad eum est honorem evocatus. 4. Is cum animadvertisset perpetuam esse paludem, quae influeret in Sequanam atque illum omnem locum magnopere impediret, hic consedit nostrosque transitu prohibere instituit.

LVIII. 1. Labienus primo vineas agere, cratibus atque aggere paludem explere atque iter munire conabatur. 2. Postquam id difficilius confieri animadvertit, silentio e castris tertia vigilia egressus eodem quo venerat itinere Metiosedum pervenit. 3. Id est oppidum Senonum in insula Sequanae positum, ut paulo ante de Lutetia diximus. Deprensis navibus circiter quinquaginta celeriterque coniunctis atque eo militibus iniectis et rei novitate perterritis oppidanis, quorum magna pars erat ad bellum evocata, sine contentione oppido potitur. 5. Refecto ponte, quem superioribus diebus hostes resciderant, exercitum traducit et secundo flumine ad Lutetiam iter facere coepit. 6. Hostes re cognita ab eis, qui Metiosedo fugerant, Lutetiam incendi pontesque eius oppidi rescindi iubent; ipsi profecti a palude ad ripas Sequanae e regione Lutetiae contra Labieni castra considunt.

LIX. 1. Iam Caesar a Gergovia discessisse audiebatur, iam de Aeduorum defectione et secundo Galliae motu rumores adferebantur, Gallique in colloquiis interclusum itinere et Ligeri Caesarem inopia frumenti coactum in provinciam contendisse confirmabant. 2. Bellovaci autem defectione Aeduorum cognita, qui ante erant per se infideles, manus cogere atque aperte bellum parare coeperunt. 3. Tum Labienus tanta rerum commutatione longe aliud sibi capiendum consilium atque antea senserat intellegebat, 4. neque iam, ut aliquid adquireret proelioque hostes lacesseret, sed ut incolumem exercitum Agedincum reduceret, cogitabat. 5. Namque altera ex parte Bellovaci, quae civitas in Gallia maximam habet opinionem virtutis, instabant, alteram Camulogenus parato atque instructo exercitu tenebat; tum legiones a praesidio atque impedimentis interclusas maximum flumen distinebat. 6. Tantis subito difficultatibus obiectis ab animi virtute auxilium petendum videbat.

LX. 1. Sub vesperum consilio convocato cohortatus ut ea quae imperasset diligenter industrieque administrarent, naves, quas Metiosedo deduxerat, singulas equitibus Romanis attribuit, et prima confecta vigilia quattuor milia passuum secundo flumine silentio progredi ibique se exspectari iubet. 2. Quinque cohortes, quas minime firmas ad dimicandum esse existimabat, castris praesidio relinquit; 3. quinque eiusdem legionis reliquas de media nocte cum omnibus impedimentis adverso flumine magno tumultu proficisci imperat. 4. Conquirit etiam lintres : has magno sonitu remorum incitatas in eandem partem mittit. Ipse post paulo silentio egressus cum tribus legionibus eum locum petit quo naves appelli iusserat.

LXI. 1. Eo cum esset ventum, exploratores hostium, ut omni fluminis parte erant dispositi, inopinantes, quod magna subito erat coorta tempestas, ab nostris opprimumtur; 2. exercitus equitatusque equitibus Romanis administrantibus, quos ei negotio praefecerat, celeriter transmittitur. 3. Vno fere tempore sub lucem hostibus nuntiatur in castris Romanorum praeter consuetudinem tumultuari et magnum ire agmen adverso flumine sonitumque remorum in eadem parte exaudiri et paulo infra milites navibus transportari. 4. Quibus rebus auditis, quod existimabant tribus locis transire legiones atque omnes perturbatos defectione Aeduorum fugam parare, suas quoque copias in tres partes distribuerunt. 5. Nam praesidio e regione castrorum relicto et parva manu Metiosedum versus missa, quae tantum progrediatur, quantum naves processissent, reliquas copias contra Labienum duxerunt.

LXII. 1. Prima luce et nostri omnes erant transportati, et hostium acies cernebatur. 2. Labienus milites cohortatus ut suae pristinae virtutis et secundissimorum proeliorum retinerent memoriam atque ipsum Caesarem, cuius ductu saepe numero hostes superassent, praesentem adesse existimarent, dat signum proeli. 3. Primo concursu ab dextro cornu, ubi septima legio constiterat, hostes pelluntur atque in fugam coniciuntur; 4. ab sinistro, quem locum duodecima legio tenebat, cum primi ordines hostium transfixi telis concidissent, tamen acerrime reliqui resistebant, nec dabat suspicionem fugae quisquam. 5. Ipse dux hostium Camulogenus suis aderat atque eos cohortabatur. 6. Incerto nunc etiam exitu victoriae, cum septimae legionis tribunis esset nuntiatum quae in sinistro cornu gererentur, post tergum hostium legionem ostenderunt signaque intulerunt. 7. Ne eo quidem tempore quisquam loco cessit, sed circumventi omnes interfectique sunt. 8. Eandem fortunam tulit Camulogenus. At ei qui praesidio contra castra Labieni erant relicti, cum proelium commissum audissent, subsidio suis ierunt collemque ceperunt, neque nostrorum militum victorum impetum sustinere potuerunt. 9. Sic cum suis fugientibus permixti, quos non silvae montesque texerunt, ab equitatu sunt interfecti. 10. hoc negotio confecto Labienus revertitur Agedincum, ubi impedimenta totius exercitus relicta erant : inde cum omnibus copiis ad Caesarem pervenit.

LXIII. 1. Defectione Aeduorum cognita bellum augetur. Legationes in omnes partes circummittuntur : 2. quantum gratia, auctoritate, pecunia valent, ad sollicitandas civitates nituntur ; 3. nacti obsides, quos Caesar apud eos deposuerat, horum supplicio dubitantes territant. 4. Petunt a Vercingetorige Aedui ut ad se veniat rationesque belli gerendi communicet. 5. Re impetrata contendunt ut ipsis summa imperi tradatur, et re in controversiam deducta totius Galliae concilium Bibracte indicitur. Eodem conveniunt undique frequentes. 6. Multitudinis suffragiis res permittitur : ad unum omnes Vercingetorigem probant imperatorem. 7. Ab hoc concilio Remi, Lingones, Treveri afuerunt : illi, quod amicitiam Romanorum sequebantur ; Treveri, quod aberant longius et ab Germanis premebantur, quae fuit causa quare toto abessent bello et neutris auxilia mitterent. 8. Magno dolore Aedui ferunt se deiectos principatu, queruntur fortunae commutationem et Caesaris indulgentiam in se requirunt, neque tamen suscepto bello suum consilium ab reliquis separare audent. 9. Inviti summae spei adulescentes Eporedorix et Viridomarus Vercingetorigi parent.

LXIV. 1. Ipse imperat reliquis civitatibus obsides diemque ei rei constituit. Omnes equites, quindecim milia numero, celeriter convenire iubet; 2. peditatu quem antea habuerit se fore contentum dicit, neque fortunam temptaturum aut in acie dimicaturum, sed, quoniam abundet equitatu, perfacile esse factu frumentationibus pabulationibusque Romanos prohibere, 3. aequo modo animo sua ipsi frumenta corrumpant aedificiaque incendant, qua rei familiaris iactura perpetuum imperium libertatemque se consequi videant. 4. His constitutis rebus Aeduis Segusiavisque, qui sunt finitimi provinciae, decem milia peditum imperat; huc addit equites octingentos. 5. His praeficit fratrem Eporedorigis bellumque inferri Allobrogibus iubet. 6. Altera ex parte Gabalos proximosque pagos Arvernorum in Helvios, item Rutenos Cadurcosque ad fines Volcarum Arecomicorum depopulandos mittit. 7. Nihilo minus clandestinis nuntiis legationibusque Allobrogas sollicitat, quorum mentes nondum ab superiore bello resedisse sperabat. 8. Horum principibus pecunias, civitati autem imperium totius provinciae pollicetur.

LXV. 1. Ad hos omnes casus provisa erant praesidia cohortium duarum et viginti, quae ex ipsa provincia ab Lucio Caesare legato ad omnes partes opponebantur. 2. Helvii sua sponte cum finitimis proelio congressi pelluntur et Gaio Valerio Donnotauro, Caburi filio, principe civitatis, compluribusque aliis interfectis intra oppida ac muros compelluntur. 3. Allobroges crebris ad Rhodanum dispositis praesidiis magna cum cura et diligentia suos fines tuentur. 4. Caesar, quod hostes equitatu superiores esse intellegebat et interclusis omnibus itineribus nulla re ex provincia atque Italia sublevari poterat, trans Rhenum in Germaniam mittit ad eas civitates quas superioribus annis pacaverat, equitesque ab his arcessit et levis armaturae pedites, qui inter eos proeliari consuerant. 5. Eorum adventu, quod minus idoneis equis utebantur, a tribunis militum reliquisque equitibus Romanis atque evocatis equos sumit Germanisque distribuit.

LXVI. 1. Interea, dum haec geruntur, hostium copiae ex Arvernis equitesque qui toti Galliae erant imperati conveniunt. 2. Magno horum coacto numero, cum Caesar in Sequanos per extremos Lingonum fines iter faceret, quo facilius subsidium provinciae ferri posset, circiter milia passuum decem ab Romanis trinis castris Vercingetorix considit 3. convocatisque ad concilium praefectis equitum venisse tempus victoriae demonstrat. Fugere in provinciam Romanos Galliaque excedere. 4. Id sibi ad praesentem obtinendam libertatem satis esse ; ad reliqui temporis pacem atque otium parum profici : maioribus enim coactis copiis reversuros neque finem bellandi facturos. Proinde agmine impeditos adorirentur. 5. Si pedites suis auxilium ferant atque in eo morentur, iter facere non posse ; si, id quod magis futurum confidat, relictis impedimentis suae saluti consulant, et usu rerum necessariarum et dignitate spoliatum iri. 6. Nam de equitibus hostium, quin nemo eorum progredi modo extra agmen audeat, et ipsos quidem non debere dubitare, et quo maiore faciant animo, copias se omnes pro castris habiturum et terrori hostibus futurum. 7. Conclamant equites sanctissimo iureiurando confirmari oportere, ne tecto recipiatur, ne ad liberos, ne ad parentes, ad uxorem aditum habeat, qui non bis per agmen hostium perequitasset.

LXVII. 1. Probata re atque omnibus iureiurando adactis postero die in tres partes distributo equitatu duae se acies ab duobus lateribus ostendunt, una primo agmine iter impedire coepit. 2. Qua re nuntiata Caesar suum quoque equitatum tripertito divisum contra hostem ire iubet. Pugnatur una omnibus in partibus. 3. Consistit agmen ; impedimenta intra legiones recipiuntur. 4. Si qua in parte nostri laborare aut gravius premi videbantur, eo signa inferri Caesar aciemque constitui iubebat ; quae res et hostes ad insequendum tardabat et nostros spe auxili confirmabat. 5. Tandem Germani ab dextro latere summum iugum nacti hostes loco depellunt ; fugientes usque ad flumen, ubi Vercingetorix cum pedestribus copiis consederat, persecuntur compluresque interficiunt. 6. Qua re animadversa reliqui ne circumirentur veriti se fugae mandant. Omnibus locis fit caedes. 7. Tres nobilissimi Aedui capti ad Caesarem perducuntur : Cotus, praefectus equitum, qui controversiam cum Convictolitavi proximis comitiis habuerat, et Cavarillus, qui post defectionem Litavicci pedestribus copiis praefuerat, et Eporedorix, quo duce ante adventum Caesaris Aedui cum Sequanis bello contenderant.

LXVIII. 1. Fugato omni equitatu Vercingetorix copias, ut pro castris collocaverat, reduxit protinusque Alesiam, quod est oppidum Mandubiorum, iter facere coepit celeriterque impedimenta ex castris educi et se subsequi iussit. 2. Caesar impedimentis in proximum collem deductis, duabus legionibus praesidio relictis, secutus quantum diei tempus est passum, circiter tribus milibus hostium ex novissimo agmine interfectis altero die ad Alesiam castra fecit. 3. Perspecto urbis situ perterritisque hostibus, quod equitatu, qua maxime parte exercitus confidebant, erant pulsi, adhortatus ad laborem milites circumvallare instituit.

LXIX. 1. Ipsum erat oppidum Alesia in colle summo admodum edito loco, ut nisi obsidione expugnari non posse videretur. 2. Cuius collis radices duo duabus ex partibus flumina subluebant. 3. Ante id oppidum planities circiter milia passuum tria in longitudinem patebat : 4. reliquis ex omnibus partibus colles mediocri interiecto spatio pari altitudinis fastigio oppidum cingebant. 5. Sub muro, quae pars collis ad orientem solem spectabat, hunc omnem locum copiae Gallorum compleverant fossamque et maceriam sex in altitudinem pedum praeduxerant. 6. Eius munitionis quae ab Romanis instituebatur circuitus XI milia passuum tenebat. 7. Castra opportunis locis erant posita ibique castella viginti tria facta, quibus in castellis interdiu stationes ponebantur, ne qua subito eruptio fieret : haec eadem noctu excubitoribus ac firmis praesidiis tenebantur.

LXX. 1. Opere instituto fit equestre proelium in ea planitie, quam intermissam collibus tria milia passuum in longitudinem patere supra demonstravimus. Summa vi ab utrisque contenditur. 2. Laborantibus nostris Caesar Germanos summittit legionesque pro castris constituit, ne qua subito irruptio ab hostium peditatu fiat. 3. Praesidio legionum addito nostris animus augetur : hostes in fugam coniecti se ipsi multitudine impediunt atque angustioribus portis relictis coacervantur. 4. Germani acrius usque ad munitiones secuntur. 5. Fit magna caedes : nonnulli relictis equis fossam transire et maceriam transcendere conantur. Paulum legiones Caesar quas pro vallo constituerat promoveri iubet. 6. Non minus qui intra munitiones erant perturbantur Galli : veniri ad se confestim existimantes ad arma conclamant; nonnulli perterriti in oppidum irrumpunt. 7. Vercingetorix iubet portas claudi, ne castra nudentur. Multis interfectis, compluribus equis captis Germani sese recipiunt.

LXXI. 1. Vercingetorix, priusquam munitiones ab Romanis perficiantur, consilium capit omnem ab se equitatum noctu dimittere. 2.

Discedentibus mandat ut suam quisque eorum civitatem adeat omnesque qui per aetatem arma ferre possint ad bellum cogant. 3. Sua in illos merita proponit obtestaturque ut suae salutis rationem habeant neu se optime de communi libertate meritum in cruciatum hostibus dedant. Quod si indiligentiores fuerint, milia hominum delecta octoginta una secum interitura demonstrat. 4. Ratione inita se exigue dierum triginta habere frumentum, sed paulo etiam longius tolerari posse parcendo. His datis mandatis, 5. qua opus erat intermissum, secunda vigilia silentio equitatum mittit. 6. Frumentum omne ad se referri iubet ; capitis poenam eis qui non paruerint constituit : 7. pecus, cuius magna erat copia ab Mandubiis compulsa, viritim distribuit ; frumentum parce et paulatim metiri instituit ; 8. copias omnes quas pro oppido collocaverat in oppidum recepit. 9. His rationibus auxilia Galliae exspectare et bellum parat administrare.

LXXII. 1. Quibus rebus cognitis ex perfugis et captivis, Caesar haec genera munitionis instituit. Fossam pedum viginti directis lateribus duxit, ut eius fossae solum tantundem pateret quantum summae fossae labra distarent. 2. Reliquas omnes munitiones ab ea fossa pedes quadringentos reduxit, [id] hoc consilio, quoniam tantum esset necessario spatium complexus, nec facile totum corpus corona militum cingeretur, ne de improviso aut noctu ad munitiones hostium multitudo advolaret aut interdiu tela in nostros operi destinatos conicere possent. 3. Hoc intermisso spatio duas fossas quindecim pedes latas, eadem altitudine perduxit, quarum interiorem campestribus ac demissis locis aqua ex flumine derivata complevit. 4. Post eas aggerem ac vallum duodecim pedum exstruxit. Huic loricam pinnasque adiecit grandibus cervis eminentibus ad commissuras pluteorum atque aggeris, qui ascensum hostium tardarent, et turres toto opere circumdedit, quae pedes LXXX inter se distarent.

LXXIII. 1. Erat eodem tempore et materiari et frumentari et tantas munitiones fieri necesse deminutis nostris copiis quae longius ab castris progrediebantur : ac non numquam opera nostra Galli temptare atque eruptionem ex oppido pluribus portis summa vi facere conabantur. 2. Qua re ad haec rursus opera addendum Caesar putavit, quo minore numero militum munitiones defendi possent. Itaque truncis arborum aut admodum firmis ramis abscisis atque horum delibratis ac praeacutis cacuminibus perpetuae fossae quinos pedes altae ducebantur. 3. Huc illi stipites demissi et ab infimo revincti, ne revelli possent, ab ramis eminebant. 4. Quini erant ordines coniuncti inter se atque implicati; quo qui intraverant, se ipsi acutissimis vallis induebant. 5. Hos cippos appellabant. Ante quos obliquis ordinibus in quincuncem dispositis scrobes tres in altitudinem pedes fodiebantur paulatim angustiore ad infimum fastigio. 6. Huc teretes stipites feminis crassitudine ab summo praeacuti et praeusti demittebantur, ita ut non amplius digitis quattuor ex terra eminerent; 7. simul confirmandi et stabiliendi causa singuli ab infimo solo pedes terra exculcabantur, reliqua pars scrobis ad occultandas insidias viminibus ac virgultis integebatur. 8. Huius generis octoni ordines ducti ternos inter se pedes distabant. 9. Id ex similitudine floris lilium appellabant. Ante haec taleae pedem longae ferreis hamis infixis totae in terram infodiebantur mediocribusque intermissis spatiis omnibus locis disserebantur; quos stimulos nominabant.

LXXIV. 1. His rebus perfectis regiones secutus quam potuit aequissimas pro loci natura quattuordecim milia passuum complexus pares eiusdem generis munitiones, diversas ab his, contra exteriorem hostem perfecit, ut ne magna quidem multitudine, si ita accidat, munitionum praesidia circumfundi possent; 2. ac ne cum periculo ex castris egredi cogatur, dierum triginta pabulum frumentumque habere omnes convectum iubet.

LXXV. 1. Dum haec apud Alesiam geruntur, Galli concilio principum indicto non omnes eos qui arma ferre possent, ut censuit Vercingetorix, convocandos statuunt, sed certum numerum cuique ex civitate imperandum, ne tanta multitudine confusa nec moderari nec discernere suos nec frumentandi rationem habere possent. 2. Imperant Aeduis atque eorum clientibus, Segusiavis, Ambivaretis, Aulercis Brannovicibus, Blannoviis, milia XXXV; parem numerum Arvernis adiunctis Eleutetis, Cadurcis, Gabalis, Vellaviis, qui sub imperio Arvernorum esse consuerunt; Sequanis, 3. Senonibus, Biturigibus, Santonis, Rutenis, Carnutibus duodena milia; Bellovacis X; totidem Lemovicibus; octona Pictonibus et Turonis et Parisiis et Helvetiis; [Suessionibus,] Ambianis, Mediomatricis, Petrocoriis, Nerviis, Morinis, Nitiobrigibus quina milia; Aulercis Cenomanis totidem; Atrebatibus [IIII milibus]; Veliocassis, Lexoviis et Aulercis Eburovicibus terna; Rauracis et Boiis bina; 4. [XXX milia] universis civitatibus, quae Oceanum attingunt quaeque eorum consuetudine Armoricae appellantur, quo sunt in numero Curiosolites, Redones, Ambibarii, Caletes, Osismi, Veneti, Lemovices, Venelli. 5. Ex his Bellovaci suum numerum non compleverunt, quod se suo nomine atque arbitrio cum Romanis bellum gesturos dicebant neque cuiusquam imperio obtemperaturos; rogati tamen ab Commio pro eius hospitio duo milia una miserunt.

LXXVI. 1. Huius opera Commi, ut antea demonstravimus, fideli atque utili superioribus annis erat usus in Britannia Caesar; quibus ille pro meritis civitatem eius immunem esse iusserat, iura legesque reddiderat atque ipsi Morinos attribuerat. 2. Tamen tanta universae Galliae consensio fuit libertatis vindicandae et pristinae belli laudis recuperandae, ut neque beneficiis neque amicitiae memoria moverentur, omnesque et animo et opibus in id bellum incumberent. 3. Coactis equitum VIII milibus et peditum circiter CCL haec in Aeduorum finibus recensebantur, numerusque inibatur, praefecti constituebantur. 4. Commio Atrebati, Viridomaro et Eporedorigi Aeduis, Vercassivellauno Arverno, consobrino Vercingetorigis, summa imperi traditur. His delecti ex civitatibus attribuuntur, quorum consilio bellum administraretur. 5. Omnes alacres et fiduciae pleni ad Alesiam proficiscuntur, 6. neque erat omnium quisquam qui aspectum modo tantae multitudinis sustineri posse arbitraretur, praesertim ancipiti proelio, cum ex oppido eruptione pugnaretur, foris tantae copiae equitatus peditatusque cernerentur.

LXXVII. 1. At ei, qui Alesiae obsidebantur praeterita die, qua auxilia suorum exspectaverant, consumpto omni frumento, inscii quid in Aeduis gereretur, concilio coacto 2. de exitu suarum fortunarum consultabant. Ac variis dictis sententiis, quarum pars deditionem, pars, dum vires suppeterent, eruptionem censebat, non praetereunda oratio Critognati videtur propter eius singularem et nefariam crudelitatem. 3. Hic summo in Arvernis ortus loco et magnae habitus auctoritatis, "Nihil," inquit, "de eorum sententia dicturus sum, qui turpissimam servitutem deditionis nomine appellant, neque hos habendos civium loco neque ad concilium adhibendos censeo. 4. Cum his mihi res sit, qui eruptionem probant; quorum in consilio omnium vestrum consensu pristinae residere virtutis memoria videtur. Animi est ista mollitia, 5. non virtus, paulisper inopiam ferre non posse. Qui se ultro morti offerant facilius reperiuntur quam qui dolorem patienter ferant. 6. Atque ego hanc sententiam probarem (tantum apud me dignitas potest), si nullam praeterquam vitae nostrae iacturam fieri viderem : 7. sed in consilio capiendo omnem Galliam respiciamus, quam ad nostrum auxilium concitavimus. 8. Quid hominum milibus LXXX uno loco interfectis propinquis consanguineisque nostris animi fore existimatis, si paene in ipsis cadaveribus proelio decertare cogentur? 9. Nolite hos vestro auxilio exspoliare, qui vestrae salutis causa suum periculum neglexerunt, nec stultitia ac temeritate vestra aut animi imbecillitate omnem Galliam prosternere et perpetuae servituti subicere. 10. An, quod ad diem non venerunt, de eorum fide constantiaque dubitatis? Quid ergo? Romanos in illis ulterioribus munitionibus animine causa cotidie exerceri putatis? 11. Si illorum nuntiis confirmari non potestis omni aditu praesaepto, his utimini testibus appropinquare eorum adventum; cuius rei timore exterriti diem noctemque in opere versantur. 12. quid ergo mei consili est? Facere, quod nostri maiores nequaquam pari bello Cimbrorum Teutonumque fecerunt; qui in oppida compulsi ac simili inopia subacti eorum corporibus qui aetate ad bellum inutiles videbantur vitam toleraverunt neque se hostibus tradiderunt. 13. cuius rei si exemplum non haberemus, tamen libertatis causa institui et posteris prodi pulcherrimum iudicarem. 14. nam quid illi simile bello fuit? Depopulata Gallia Cimbri magnaque illata calamitate finibus quidem nostris aliquando excesserunt atque alias terras petierunt; iura, leges, agros, libertatem nobis reliquerunt. 15. Romani vero quid petunt aliud aut quid volunt, nisi invidia adducti, quos fama nobiles potentesque bello cognoverunt, horum in agris civitatibusque considere atque his aeternam iniungere servitutem? Neque enim ulla alia condicione bella gesserunt. 16. Quod si ea quae in longinquis nationibus geruntur ignoratis, respicite finitimam Galliam, quae in provinciam redacta iure et legibus commutatis securibus subiecta perpetua premitur servitute."

LXXVIII. 1. Sententiis dictis constituunt ut ei qui valetudine aut aetate inutiles sunt bello oppido excedant, atque omnia prius experiantur, quam ad Critognati sententiam descendant : 2. illo tamen potius utendum consilio, si res cogat atque auxilia morentur, quam aut deditionis aut pacis subeundam condicionem. 3. Mandubii, qui eos oppido receperant, cum liberis atque uxoribus exire coguntur. Hi, cum ad munitiones Romanorum accessissent, 4. flentes omnibus precibus orabant, ut se in servitutem receptos cibo iuvarent. 5. At Caesar dispositis in vallo custodibus recipi prohibebat.

LXXIX. 1. Interea Commius reliquique duces quibus summa imperi permissa erat cum omnibus copiis ad Alesiam perveniunt et colle exteriore occupato non longius mille passibus ab nostris munitionibus considunt. 2. Postero die equitatu ex castris educto omnem eam planitiem, quam in longitudinem tria milia passuum patere demonstravimus, complent pedestresque copias paulum ab eo loco abditas in locis superioribus constituunt. 3. Erat ex oppido Alesia despectus in campum. Concurrunt his auxiliis visis ; fit gratulatio inter eos, atque omnium animi ad laetitiam excitantur. 4. Itaque productis copiis ante oppidum considunt et proximam fossam cratibus integunt atque aggere explent seque ad eruptionem atque omnes casus comparant.

LXXX. 1. Caesar omni exercitu ad utramque partem munitionum disposito, ut, si usus veniat, suum quisque locum teneat et noverit, equitatum ex castris educi et proelium committi iubet. 2. Erat ex omnibus castris, quae summum undique iugum tenebant, despectus, atque omnes milites intenti pugnae proventum exspectabant. 3. Galli inter equites raros sagittarios expeditosque levis armaturae interiecerant, qui suis cedentibus auxilio succurrerent et nostrorum equitum impetus sustinerent. Ab his complures de improviso vulnerati proelio excedebant. 4. Cum suos pugna superiores esse Galli confiderent et nostros multitudine premi viderent, ex omnibus partibus et ei qui munitionibus continebantur et hi qui ad auxilium convenerant clamore et ululatu suorum animos confirmabant. 5. Quod in conspectu omnium res gerebatur neque recte ac turpiter factum celari poterat, utrosque et laudis cupiditas et timor ignominiae ad virtutem excitabant. 6. Cum a meridie prope ad solis occasum dubia victoria pugnaretur, Germani una in parte confertis turmis in hostes impetum fecerunt eosque propulerunt ; 7. quibus in fugam coniectis sagittarii circumventi interfectique sunt. 8. Item ex reliquis partibus nostri cedentes usque ad castra insecuti sui colligendi facultatem non dederunt. 9. At ei qui ab Alesia processerant maesti prope victoria desperata se in oppidum receperunt.

LXXXI. 1. Vno die intermisso Galli atque hoc spatio magno cratium, scalarum, harpagonum numero effecto media nocte silentio ex castris egressi ad campestres munitiones accedunt. 2. Subito clamore sublato, qua significatione qui in oppido obsidebantur de suo adventu cognoscere possent, crates proicere, fundis, sagittis, lapidibus nostros de vallo proturbare reliquaque quae ad oppugnationem pertinent parant administrare. 3. Eodem tempore clamore exaudito dat tuba signum suis Vercingetorix atque ex oppido educit. 4. Nostri, ut superioribus diebus, ut cuique erat locus attributus, ad munitiones accedunt; fundis librilibus sudibusque quas in opere disposuerant ac glandibus Gallos proterrent. 5. Prospectu tenebris adempto multa utrimque vulnera accipiuntur. Complura tormentis tela coniciuntur. 6. At Marcus Antonius et Gaius Trebonius legati, quibus hae partes ad defendendum obvenerant, qua ex parte nostros premi intellexerant, his auxilio ex ulterioribus castellis deductos summittebant.

LXXXII. 1. Dum longius ab munitione aberant Galli, plus multitudine telorum proficiebant; posteaquam propius successerunt, aut se stimulis inopinantes induebant aut in scrobes delati transfodiebantur aut ex vallo ac turribus traiecti pilis muralibus interibant. 2. Multis undique vulneribus acceptis nulla munitione perrupta, cum lux appeteret, veriti ne ab latere aperto ex superioribus castris eruptione circumvenirentur, se ad suos receperunt. 3. At interiores, dum ea quae a Vercingetorige ad eruptionem praeparata erant proferunt, priores fossas explent, diutius in his rebus administrandis morati prius suos discessisse cognoverunt, quam munitionibus appropinquarent. Ita re infecta in oppidum reverterunt.

LXXXIII. 1. Bis magno cum detrimento repulsi Galli quid agant consulunt; locorum peritos adhibent : ex his superiorum castrorum situs munitionesque cognoscunt. 2. Erat a septentrionibus collis, quem propter magnitudinem circuitus opere circumplecti non potuerant nostri : necessario paene iniquo loco et leniter declivi castra fecerunt. 3. Haec Gaius Antistius Reginus et Gaius Caninius

Rebilus legati cum duabus legionibus obtinebant. 4. Cognitis per exploratores regionibus duces hostium LX milia ex omni numero deligunt earum civitatum quae maximam virtutis opinionem habebant; 5. quid quoque pacto agi placeat occulte inter se constituunt; adeundi tempus definiunt, cum meridies esse videatur. 6. His copiis Vercassivellaunum Arvernum, unum ex quattuor ducibus, propinquum Vercingetorigis, praeficiunt. 7. Ille ex castris prima vigilia egressus prope confecto sub lucem itinere post montem se occultavit militesque ex nocturno labore sese reficere iussit. 8. Cum iam meridies appropinquare videretur, ad ea castra quae supra demonstravimus contendit; eodemque tempore equitatus ad campestres munitiones accedere et reliquae copiae pro castris sese ostendere coeperunt.

LXXXIV. 1. Vercingetorix ex arce Alesiae suos conspicatus ex oppido egreditur; crates, longurios, musculos, falces reliquaque quae eruptionis causa paraverat profert. 2. Pugnatur uno tempore omnibus locis, atque omnia temptantur : quae minime visa pars firma est, huc concurritur. 3. Romanorum manus tantis munitionibus distinetur nec facile pluribus locis occurrit. 4. Multum ad terrendos nostros valet clamor, qui post tergum pugnantibus exstitit, quod suum periculum in aliena vident salute constare : 5. omnia enim plerumque quae absunt vehementius hominum mentes perturbant.

LXXXV. 1. Caesar idoneum locum nactus quid quaque ex parte geratur cognoscit; laborantibus summittit. 2. Vtrisque ad animum occurrit unum esse illud tempus, quo maxime contendi conveniat : 3. Galli, nisi perfregerint munitiones, de omni salute desperant; Romani, si rem obtinuerint, finem laborum omnium exspectant. 4. Maxime ad superiores munitiones laboratur, quo Vercassivellaunum missum demonstravimus. Iniquum loci ad declivitatem fastigium magnum habet momentum. 5. Alii tela coniciunt, alii testudine facta subeunt; defatigatis in vicem integri succedunt. 6. Agger ab universis in munitionem coniectus et ascensum dat Gallis et ea quae in terra occultaverant Romani contegit; nec iam arma nostris nec vires suppetunt.

LXXXVI. 1. His rebus cognitis Caesar Labienum cum cohortibus sex subsidio laborantibus mittit : 2. imperat, si sustinere non posset, deductis cohortibus eruptione pugnaret; id nisi necessario ne faciat. 3. Ipse adit reliquos, cohortatur ne labori succumbant; omnium superiorum dimicationum fructum in eo die atque hora docet consistere. 4. Interiores desperatis campestribus locis propter magnitudinem munitionum loca praerupta ex ascensu temptant : huc ea quae paraverant conferunt. 5. Multitudine telorum ex turribus propugnantes deturbant, aggere et cratibus fossas explent, falcibus vallum ac loricam rescindunt.

LXXXVII. 1. Mittit primo Brutum adulescentem cum cohortibus Caesar, post cum aliis Gaium Fabium legatum; postremo ipse, cum vehementius pugnaretur, integros subsidio adducit. 2. Restituto proelio ac repulsis hostibus eo quo Labienum miserat contendit; cohortes quattuor ex proximo castello deducit, equitum partem sequi, partem circumire exteriores munitiones et ab tergo hostes adoriri iubet. 3. Labienus, postquam neque aggeres neque fossae vim hostium sustinere poterant, coactis una XL cohortibus, quas ex proximis praesidiis deductas fors obtulit, Caesarem per nuntios facit certiorem quid faciendum existimet. Accelerat Caesar, ut proelio intersit.

LXXXVIII. 1. Eius adventu ex colore vestitus cognito, quo insigni in proeliis uti consuerat, turmisque equitum et cohortibus visis quas se sequi iusserat, ut de locis superioribus haec declivia et devexa cernebantur, hostes proelium committunt. 2. Vtrimque clamore sublato excipit rursus ex vallo atque omnibus munitionibus clamor. Nostri omissis pilis gladiis rem gerunt. 3. Repente post tergum equitatus cernitur; cohortes aliae appropinquant. Hostes terga vertunt; fugientibus equites occurrunt. Fit magna caedes. Sedulius, dux et princeps Lemovicum, occiditur; 4. Vercassivellaunus Arvernus vivus in fuga comprehenditur; signa militaria septuaginta quattuor ad Caesarem referuntur : pauci ex tanto numero se incolumes in castra recipiunt. 5. Conspicati ex oppido caedem et fugam suorum desperata salute copias a munitionibus reducunt. 6. Fit protinus hac re audita ex castris Gallorum fuga. Quod nisi crebris subsidiis ac totius diei labore milites essent defessi, omnes hostium copiae deleri potuissent. 7. De media nocte missus equitatus novissimum agmen consequitur : magnus numerus capitur atque interficitur; reliqui ex fuga in civitates discedunt.

LXXXIX. 1. Postero die Vercingetorix concilio convocato id bellum se suscepisse non suarum necessitatium, 2. sed communis libertatis causa demonstrat, et quoniam sit fortunae cedendum, ad utramque rem se illis offerre, seu morte sua Romanis satisfacere seu vivum tradere velint. Mittuntur de his rebus ad Caesarem legati. 3. Iubet arma tradi, principes produci. 4. Ipse in munitione pro castris consedit : eo duces producuntur; Vercingetorix deditur, arma proiciuntur. 5. Reservatis Aeduis atque Arvernis, si per eos civitates reciperare posset, ex reliquis captivis toto exercitui capita singula praedae nomine distribuit.

XC. 1. His rebus confectis in Aeduos proficiscitur; civitatem recipit. 2. Eo legati ab Arvernis missi quae imperaret se facturos pollicentur. Imperat magnum numerum obsidum. 3. Legiones in hiberna mittit. Captivorum circiter viginti milia Aeduis Arvernisque reddit. 4. Titum Labienum duabus cum legionibus et equitatu in Sequanos proficisci iubet : huic Marcum Sempronium Rutilum attribuit. 5. Gaium Fabium legatum et Lucium Minucium Basilum cum legionibus duabus in Remis collocat, ne quam ab finitimis Bellovacis calamitatem accipiant. 6. Gaium Antistium Reginum in Ambivaretos, Titum Sextium in Bituriges, Gaium Caninium Rebilum in Rutenos cum singulis legionibus mittit. 7. Quintum Tullium Ciceronem et Publium Sulpicium Cabilloni et Matiscone in Aeduis ad Ararim rei frumentariae causa collocat. Ipse Bibracte hiemare constituit. His litteris cognitis Romae dierum viginti supplicatio redditur.

Commentarius Octavus

. 1. Coactus assiduis tuis vocibus, Balbe, cum cotidiana mea recusatio non difficultatis excusationem, sed inertiae videretur deprecationem habere, rem difficillimam suscepi. 2. Caesaris nostri commentarios rerum gestarum Galliae, non comparantibus superioribus atque insequentibus eius scriptis, contexui novissimumque imperfectum ab rebus gestis Alexandriae confeci usque ad exitum non quidem civilis dissensionis, cuius finem nullum videmus, sed vitae Caesaris. 3. Quos utinam qui legent scire possint quam invitus susceperim scribendos, qua facilius caream stultitiae atque arrogantiae crimine, qui me mediis interposuerim Caesaris scriptis. 4. Constat enim inter omnes nihil tam operose ab aliis esse perfectum, quod non horum elegantia commentariorum superetur : 5. qui sunt editi, ne scientia tantarum rerum scriptoribus deesset, adeoque probantur omnium iudicio ut praerepta, non praebita, facultas scriptoribus videatur. 6. Cuius tamen rei maior nostra quam reliquorum est admiratio : ceteri enim, quam bene atque emendate, nos etiam, quam facile atque celeriter eos perfecerit scimus. 7. Erat autem in Caesare cum facultas atque elegantia summa scribendi, tum verissima scientia suorum consiliorum explicandorum. 8. Mihi ne illud quidem accidit, ut Alexandrino atque Africano bello interessem ; quae bella quamquam ex parte nobis Caesaris sermone sunt nota, tamen aliter audimus ea, quae rerum novitate aut admiratione nos capiunt, aliter, quae pro testimonio sumus dicturi. 9. Sed ego nimirum, dum omnes excusationis causas colligo ne cum Caesare conferar, hoc ipsum crimen arrogantiae subeo, quod me iudicio cuiusquam existimem posse cum Caesare comparari. Vale.

I. 1. Omni Gallia devicta Caesar cum a superiore aestate nullum bellandi tempus intermisisset militesque hibernorum quiete reficere a tantis laboribus vellet, complures eodem tempore civitates renovare belli consilia nuntiabantur coniurationesque facere. 2. Cuius rei verisimilis causa adferebatur, quod Gallis omnibus cognitum esset neque ulla multitudine in unum locum coacta resisti posse Romanis, nec, si diversa bella complures eodem tempore intulissent civitates, satis auxili aut spati aut copiarum habiturum exercitum populi Romani ad omnia persequenda; non esse autem alicui civitati sortem incommodi recusandam, si tali mora reliquae possent se vindicare in libertatem.

II. 1. Quae ne opinio Gallorum confirmaretur, Caesar Marcum Antonium quaestorem suis praefecit hibernis; ipse equitum praesidio pridie Kal. Ianuarias ab oppido Bibracte proficiscitur ad legionem XIII, quam non longe a finibus Aeduorum collocaverat in finibus Biturigum, eique adiungit legionem XI, quae proxima fuerat. 2. Binis cohortibus ad impedimenta tuenda relictis reliquum exercitum in copiosissimos agros Biturigum inducit, qui, cum latos fines et complura oppida haberent, unius legionis hibernis non potuerint contineri quin bellum pararent coniurationesque facerent.

III. 1. Repentino adventu Caesaris accidit, quod imparatis disiectisque accidere fuit necesse, ut sine timore ullo rura colentes prius ab equitatu opprimerentur quam confugere in oppida possent. 2. Namque etiam illud vulgare incursionis hostium signum, quod incendiis aedificiorum intellegi consuevit, Caesaris erat interdicto sublatum, ne aut copia pabuli frumentique, si longius progredi vellet, deficeretur, aut hostes incendiis terrerentur. 3. Multis hominum milibus captis perterriti Bituriges; qui primum adventum potuerant effugere Romanorum, in finitimas civitates aut privatis hospitiis confisi aut societate consiliorum confugerant. 4. Frustra : nam Caesar magnis itineribus omnibus locis occurrit nec dat ulli civitati spatium de aliena potius quam de domestica salute cogitandi; qua celeritate et fideles amicos retinebat et dubitantes terrore ad condiciones pacis adducebat. 5. Tali condicione proposita Bituriges, cum sibi viderent clementia Caesaris reditum patere in eius amicitiam finitimasque civitates sine ulla poena dedisse obsides atque in fidem receptas esse, idem fecerunt.

IV. 1. Caesar militibus pro tanto labore ac patientia, qui brumalibus diebus itineribus difficillimis, frigoribus intolerandis studiosissime permanserant in labore, ducenos sestertios, centurionibus tot milia nummum praedae nomine condonanda pollicetur legionibusque in hiberna remissis ipse se recipit die XXXX Bibracte. 2. Ibi cum ius diceret, Bituriges ad eum legatos mittunt auxilium petitum contra Carnutes, quos intulisse bellum sibi querebantur. 3. Qua re cognita, cum dies non amplius decem et octo in hibernis esset moratus, legiones XIIII et VI ex hibernis ab Arare educit, quas ibi collocatas explicandae rei frumentariae causa superiore commentario demonstratum est : ita cum duabus legionibus ad persequendos Carnutes proficiscitur.

V. 1. Cum fama exercitus ad hostes esset perlata, calamitate ceterorum ducti Carnutes desertis vicis oppidisque, quae tolerandae hiemis causa constitutis repente exiguis ad necessitatem aedificiis incolebant (nuper enim devicti complura oppida dimiserant), dispersi profugiunt. 2. Caesar erumpentes eo maxime tempore acerrimas tempestates cum subire milites nollet, in oppido Carnutum Cenabo castra ponit atque in tecta partim Gallorum, partim quae coniectis celeriter stramentis tentoriorum integendorum gratia erant inaedificata, milites compegit. 3. Equites tamen et auxiliarios pedites in omnes partes mittit quascumque petisse dicebantur hostes ; nec frustra : 4. nam plerumque magna praeda potiti nostri revertuntur. Oppressi Carnutes hiemis difficultate, terrore periculi, cum tectis expulsi nullo loco diutius consistere auderent nec silvarum praesidio tempestatibus durissimis tegi possent, dispersi magna parte amissa suorum dissipantur in finitimas civitates.

VI. 1. Caesar tempore anni difficillimo, cum satis haberet convenientes manus dissipare, ne quod initium belli nasceretur, quantumque in ratione esset, exploratum haberet sub tempus aestivorum nullum summum bellum posse conflari, Gaium Trebonium cum duabus legionibus, quas secum habebat, in hibernis Cenabi collocavit ; 2. ipse, cum crebris legationibus Remorum certior fieret Bellovacos, qui belli gloria Gallos omnes Belgasque praestabant, finitimasque his civitates duce Correo Bellovaco et Commio Atrebate exercitus comparare atque in unum locum cogere, ut omni multitudine in fines Suessionum, qui Remis erant attributi, facerent impressionem, pertinere autem non tantum ad dignitatem sed etiam ad salutem suam iudicaret nullam calamitatem socios optime de re publica meritos accipere, 3. legionem ex hibernis evocat rursus undecimam; litteras autem ad Gaium Fabium mittit, ut in fines Suessionum legiones duas quas habebat adduceret, alteramque ex duabus ab Labieno arcessit. 4. Ita, quantum hibernorum opportunitas bellique ratio postulabat, perpetuo suo labore in vicem legionibus expeditionum onus iniungebat.

VII. 1. His copiis coactis ad Bellovacos proficiscitur castrisque in eorum finibus positis equitum turmas dimittit in omnes partes ad aliquos excipiendos ex quibus hostium consilia cognosceret. 2. Equites officio functi renuntiant paucos in aedificiis esse inventos, atque hos, non qui agrorum colendorum causa remansissent (namque esse undique diligenter demigratum), sed qui speculandi causa essent remissi. 3. A quibus cum quaereret Caesar quo loco multitudo esset Bellovacorum quodve esset consilium eorum, inveniebat Bellovacos omnes qui arma ferre possent in unum locum convenisse, 4. itemque Ambianos, Aulercos, Caletos, Veliocasses, Atrebatas; locum castris excelsum in silva circumdata palude delegisse, impedimenta omnia in ulteriores silvas contulisse. 5. Complures esse principes belli auctores, sed multitudinem maxime Correo obtemperare, quod ei summo esse odio nomen populi Romani intellexissent. 6. Paucis ante diebus ex his castris Atrebatem Commium discessisse ad auxilia Germanorum adducenda; quorum et vicinitas propinqua et multitudo esset infinita. 7. Constituisse autem Bellovacos omnium principum consensu, summa plebis cupiditate, si, ut diceretur, Caesar cum tribus legionibus veniret, offerre se ad dimicandum, ne miseriore ac duriore postea condicione cum toto exercitu decertare cogerentur; 8. si maiores copias adduceret, in eo loco permanere quem delegissent, pabulatione autem, quae propter anni tempus cum exigua tum disiecta esset, et frumentatione et reliquo commeatu ex insidiis prohibere Romanos.

VIII. 1. Quae Caesar consentientibus pluribus cum cognosset atque ea quae proponerentur consilia plena prudentiae longeque a temeritate barbarorum remota esse iudicaret, omnibus rebus inserviendum statuit, quo celerius hostis contempta sua paucitate prodiret in aciem. 2. Singularis enim virtutis veterrimas legiones VII, VIII, VIIII habebat, summae spei delectaeque iuventutis XI, quae octavo iam stipendio tamen in collatione reliquarum nondum eandem vetustatis ac virtutis ceperat opinionem. 3. Itaque consilio advocato, rebus eis quae ad se essent delatae omnibus expositis animos multitudinis confirmat. 4. Si forte hostes trium legionum numero posset elicere ad dimicandum, agminis ordinem ita constituit, ut legio septima, octava, nona ante omnia irent impedimenta, deinde omnium impedimentorum agmen, quod tamen erat mediocre, ut in expeditionibus esse consuevit, cogeret undecima, ne maioris multitudinis species accidere hostibus posset quam ipsi depoposcissent. 5. Hac ratione paene quadrato agmine instructo in conspectum hostium celerius opinione eorum exercitum adducit.

IX. 1. Cum repente instructas velut in acie certo gradu legiones accedere Galli viderent, quorum erant ad Caesarem plena fiduciae consilia perlata, sive certaminis periculo sive subito adventu sive exspectatione nostri consili copias instruunt pro castris nec loco superiore decedunt. 2. Caesar, etsi dimicare optaverat, tamen admiratus tantam multitudinem hostium valle intermissa magis in altitudinem depressa quam late patente castra castris hostium confert. 3. Haec imperat vallo pedum XII muniri, loriculam pro [hac] ratione eius altitudinis inaedificari; fossam duplicem pedum denum quinum lateribus deprimi directis; turres excitari crebras in altitudinem trium tabulatorum, pontibus traiectis constratisque coniungi, quorum frontes viminea loricula munirentur; ut ab hostibus duplici fossa, duplici propugnatorum ordine defenderentur, 4. quorum alter ex pontibus, quo tutior altitudine esset, hoc audacius longiusque permitteret tela, alter, qui propior hostem in ipso vallo collocatus esset, ponte ab incidentibus telis tegeretur. Portis fores altioresque turres imposuit.

X. 1. Huius munitionis duplex erat consilium. Namque et operum magnitudinem et timorem suum sperabat fiduciam barbaris allaturum, et cum pabulatum frumentatumque longius esset proficiscendum, parvis copiis castra munitione ipsa videbat posse defendi. 2. Interim crebro paucis utrimque procurrentibus inter bina castra palude interiecta contendebatur; quam tamen paludem nonnumquam aut nostra auxilia Gallorum Germanorumque transibant acriusque hostes insequebantur, aut vicissim hostes eadem transgressi nostros longius summovebant. 3. Accidebat autem cotidianis pabulationibus (id quod accidere erat necesse, cum raris disiectisque ex aedificiis pabulum conquireretur), ut impeditis locis dispersi pabulatores circumvenirentur; 4. quae res, etsi mediocre detrimentum iumentorum ac servorum nostris adferebat, tamen stultas cogitationes incitabat barbarorum, atque eo magis, quod Commius, quem profectum ad auxilia Germanorum arcessenda docui, cum equitibus venerat; qui, tametsi numero non amplius erant quingenti, tamen Germanorum adventu barbari nitebantur.

XI. 1. Caesar, cum animadverteret hostem complures dies castris palude et loci natura munitis se tenere neque oppugnari castra eorum sine dimicatione perniciosa nec locum munitionibus claudi nisi a maiore exercitu posse, litteras ad Trebonium mittit, ut quam celerrime posset legionem XIII, quae cum T. Sextio legato in Biturigibus hiemabat, arcesseret atque ita cum tribus legionibus magnis itineribus ad se veniret; 2. ipse equites in vicem Remorum ac Lingonum reliquarumque civitatum, quorum magnum numerum evocaverat, praesidio pabulationibus mittit, qui subitas hostium incursiones sustinerent.

XII. 1. Quod cum cotidie fieret ac iam consuetudine diligentia minueretur, quod plerumque accidit diuturnitate, Bellovaci delecta manu peditum cognitis stationibus cotidianis equitum nostrorum 2. silvestribus locis insidias disponunt eodemque equites postero die mittunt, qui primum elicerent nostros, deinde circumventos aggrederentur. 3. Cuius mali sors incidit Remis, quibus ille dies fungendi muneris obvenerat. Namque hi, cum repente hostium equites animadvertissent ac numero superiores paucitatem contempsissent, cupidius insecuti peditibus undique sunt circumdati. 4. Quo facto perturbati celerius quam consuetudo fert equestris proeli se receperunt amisso Vertisco, principe civitatis, praefecto equitum; 5. qui cum vix equo propter aetatem posset uti, tamen consuetudine Gallorum neque aetatis excusatione in suscipienda praefectura usus erat neque dimicari sine se voluerat. 6. Inflantur atque incitantur hostium animi secundo proelio, principe et praefecto Remorum interfecto, 7. nostrique detrimento admonentur diligentius exploratis locis stationes disponere ac moderatius cedentem insequi hostem.

XIII. 1. Non intermittunt interim cotidiana proelia in conspectu utrorumque castrorum, quae ad vada transitusque fiebant paludis. 2. Qua contentione Germani, quos propterea Caesar traduxerat Rhenum ut equitibus interpositi proeliarentur, cum constantius universi paludem transissent paucisque resistentibus interfectis pertinacius reliquam multitudinem essent insecuti, perterriti non solum ei qui aut comminus opprimebantur aut eminus vulnerabantur, sed etiam qui longius subsidiari consuerant, turpiter refugerunt, 3. nec prius finem fugae fecerunt saepe amissis superioribus locis quam se aut in castra suorum reciperent, aut nonnulli pudore coacti longius profugerent. 4. Quorum periculo sic omnes copiae sunt perturbatae ut vix iudicari posset, utrum secundis minimisque rebus insolentiores an adverso mediocri casu timidiores essent.

XIV. 1. Compluribus diebus isdem in castris consumptis, cum propius accessisse legiones et Gaium Trebonium legatum cognossent, duces Bellovacorum veriti similem obsessionem Alesiae noctu dimittunt eos quos aut aetate aut viribus inferiores aut inermes habebant, unaque reliqua impedimenta. 2. Quorum perturbatum et confusum dum explicant agmen (magna enim multitudo carrorum etiam expeditos sequi Gallos consuevit), oppressi luce copias armatorum pro suis instruunt castris, ne prius Romani persequi se inciperent quam longius agmen impedimentorum suorum processisset. 3. At Caesar neque resistentes adgrediendos tanto collis ascensu iudicabat, neque non usque eo legiones admovendas ut discedere ex eo loco sine periculo barbari militibus instantibus non possent. 4. Ita, cum palude impedita a castris castra dividi videret, quae transeundi difficultas celeritatem insequendi tardare posset, atque id iugum quod trans paludem paene ad hostium castra pertineret mediocri valle a castris eorum intercisum animum adverteret, pontibus palude constrata legiones traducit celeriterque in summam planitiem iugi pervenit, quae declivi fastigio duobus ab lateribus muniebatur. 5. Ibi legionibus instructis ad ultimum iugum pervenit aciemque eo loco constituit unde tormento missa tela in hostium cuneos conici possent.

XV. 1. Barbari confisi loci natura, cum dimicare non recusarent, si forte Romani subire collem conarentur, paulatim copias distributas dimittere non possent, ne dispersi perturbarentur, in acie permanserunt. 2. Quorum pertinacia cognita Caesar XX cohortibus instructis castrisque eo loco metatis muniri iubet castra. 3. Absolutis operibus pro vallo legiones instructas collocat, equites frenatis equis in statione disponit. 4. Bellovaci, cum Romanos ad insequendum paratos viderent neque pernoctare aut diutius permanere sine periculo eodem loco possent, tale consilium sui recipiendi ceperunt. 5. Fasces, ubi consederant (namque in acie sedere Gallos consuesse superioribus commentariis Caesaris declaratum est), per manus stramentorum ac virgultorum, quorum summa erat in castris copia, inter se traditos ante aciem collocarunt extremoque tempore diei signo pronuntiato uno tempore incenderunt. 6. Ita continens flamma copias omnes repente a conspectu texit Romanorum. Quod ubi accidit, barbari vehementissimo cursu refugerunt.

XVI. 1. Caesar, etsi discessum hostium animadvertere non poterat incendiis oppositis, tamen id consilium cum fugae causa initum suspicaretur, legiones promovet, turmas mittit ad insequendum; ipse veritus insidias, ne forte in eodem loco subsistere hostis atque elicere nostros in locum conaretur iniquum, tardius procedit. 2. Equites cum intrare fumum et flammam densissimam timerent ac, si qui cupidius intraverant, vix suorum ipsi priores partes animadverterent equorum, insidias veriti liberam facultatem sui recipiendi Bellovacis dederunt. 3. Ita fuga timoris simul calliditatisque plena sine ullo detrimento milia non amplius decem progressi hostes loco munitissimo castra posuerunt. 4. Inde cum saepe in insidiis equites peditesque disponerent, magna detrimenta Romanis in pabulationibus inferebant.

XVII. 1. Quod cum crebrius accideret, ex captivo quodam comperit Caesar Correum, Bellovacorum ducem, fortissimorum milia sex peditum delegisse equitesque ex omni numero mille, quos in insidiis eo loco collocaret, quem in locum propter copiam frumenti ac pabuli Romanos missuros suspicaretur. 2. Quo cognito consilio legiones plures quam solebat educit equitatumque, qua consuetudine pabulatoribus mittere praesidio consuerat, praemittit : huic interponit auxilia levis armaturae; ipse cum legionibus quam potest maxime appropinquat.

XVIII. 1. Hostes in insidiis dispositi, cum sibi delegissent campum ad rem gerendam non amplius patentem in omnes partes passibus mille, silvis undique aut impeditissimo flumine munitum, velut indagine hunc insidiis circumdederunt. 2. Explorato hostium consilio nostri ad proeliandum animo atque armis parati, cum subsequentibus legionibus nullam dimicationem recusarent, turmatim in eum locum devenerunt. 3. Quorum adventu cum sibi Correus oblatam occasionem rei gerendae existimaret, primum cum paucis se ostendit atque in proximas turmas impetum fecit. 4. Nostri constanter incursum sustinent insidiatorum neque plures in unum locum conveniunt; quod plerumque equestribus proeliis cum propter aliquem timorem accidit, tum multitudine ipsorum detrimentum accipitur.

XIX. 1. Cum dispositis turmis in vicem rari proeliarentur neque ab lateribus circumveniri suos paterentur, erumpunt ceteri Correo proeliante ex silvis. 2. Fit magna contentione diversum proelium. Quod cum diutius pari Marte iniretur, paulatim ex silvis instructa multitudo procedit peditum, quae nostros coegit cedere equites. Quibus celeriter subveniunt levis armaturae pedites, quos ante legiones missos docui, turmisque nostrorum interpositi constanter proeliantur. 3. Pugnatur aliquamdiu pari contentione; deinde, ut ratio postulabat proeli, qui sustinuerant primos impetus insidiarum hoc ipso fiunt superiores, quod nullum ab insidiantibus imprudentes acceperant detrimentum. 4. Accedunt propius interim legiones, crebrique eodem tempore et nostris et hostibus nuntii adferuntur, imperatorem instructis copiis adesse. 5. Qua re cognita praesidio cohortium confisi nostri acerrime proeliantur, ne, si tardius rem gessissent, victoriae gloriam communicasse cum legionibus viderentur; 6. hostes concidunt animis atque itineribus diversis fugam quaerunt. Nequiquam : nam quibus difficultatibus locorum Romanos claudere voluerant, eis ipsi tenebantur. 7. Victi tamen perculsique maiore parte amissa consternati profugiunt partim silvis petitis, partim flumine (qui tamen in fuga a nostris acriter insequentibus conficiuntur), 8. cum interim nulla calamitate victus Correus excedere proelio silvasque petere aut invitantibus nostris ad deditionem potuit adduci, quin fortissime proeliando compluresque vulnerando cogeret elatos iracundia victores in se tela conicere.

XX. 1. Tali modo re gesta recentibus proeli vestigiis ingressus Caesar, cum victos tanta calamitate existimaret hostes nuntio accepto locum castrorum relicturos, quae non longius ab ea caede abesse plus minus octo milibus dicebantur, tametsi flumine impeditum transitum videbat, tamen exercitu traducto progreditur. 2. At Bellovaci reliquaeque civitates repente ex fuga paucis atque his vulneratis receptis, qui silvarum beneficio casum evitaverant, omnibus adversis, cognita calamitate, interfecto Correo, amisso equitatu et fortissimis peditibus, cum adventare Romanos existimarent, concilio repente cantu tubarum convocato conclamant, legati obsidesque ad Caesarem mittantur.

XXI. 1. Hoc omnibus probato consilio Commius Atrebas ad eos confugit Germanos, a quibus ad id bellum auxilia mutuatus erat. 2. Ceteri e vestigio mittunt ad Caesarem legatos petuntque, ut ea poena sit contentus hostium, quam si sine dimicatione inferre integris posset, pro sua clementia atque humanitate numquam profecto esset illaturus. 3. Adflictas opes equestri proelio Bellovacorum esse; delectorum peditum multa milia interisse, vix refugisse nuntios caedis. 4. Tamen magnum ut in tanta calamitate Bellovacos eo proelio commodum esse consecutos, quod Correus, auctor belli, concitator multitudinis, esset interfectus. Numquam enim senatum tantum in civitate illo vivo quantum imperitam plebem potuisse.

XXII. 1. Haec orantibus legatis commemorat Caesar : Eodem tempore superiore anno Bellovacos ceterasque Galliae civitates suscepisse bellum : pertinacissime hos ex omnibus in sententia permansisse neque ad sanitatem reliquorum deditione esse perductos. 2. Scire atque intellegere se causam peccati facillime mortuis delegari. Neminem vero tantum pollere, ut invitis principibus, resistente senatu, omnibus bonis repugnantibus infirma manu plebis bellum concitare et gerere posset. Sed tamen se contentum fore ea poena quam sibi ipsi contraxissent.

XXIII. 1. Nocte insequenti legati responsa ad suos referunt, obsides conficiunt. Concurrunt reliquarum civitatium legati, quae Bellovacorum speculabantur eventum; 2. obsides dant, imperata faciunt excepto Commio, quem timor prohibebat cuiusquam fidei suam committere salutem. 3. Nam superiore anno Titus Labienus, Caesare in Gallia citeriore ius dicente, cum Commium comperisset sollicitare civitates et coniurationem contra Caesarem facere, infidelitatem eius sine ulla perfidia iudicavit comprimi posse. 4. Quem quia non arbitrabatur vocatum in castra venturum, ne temptando cautiorem faceret, Gaium Volusenum Quadratum misit, qui eum per simulationem colloqui curaret interficiendum. Ad eam rem delectos idoneos ei tradit centuriones. 5. Cum in colloquium ventum esset, et, ut convenerat, manum Commi Volusenus arripuisset, centurio vel insueta re permotus vel celeriter a familiaribus prohibitus Commi conficere hominem non potuit; graviter tamen primo ictu gladio caput percussit. 6. Cum utrimque gladii destricti essent, non tam pugnandi quam diffugiendi fuit utrorumque consilium : nostrorum, quod mortifero vulnere Commium credebant adfectum; Gallorum, quod insidiis cognitis plura quam videbant extimescebant. Quo facto statuisse Commius dicebatur numquam in conspectum cuiusquam Romani venire.

XXIV. 1. Bellicosissimis gentibus devictis Caesar, cum videret nullam iam esse civitatem quae bellum pararet quo sibi resisteret, sed nonnullos ex oppidis demigrare, ex agris diffugere ad praesens imperium evitandum, plures in partes exercitum dimittere constituit. 2. M. Antonium quaestorem cum legione duodecima sibi coniungit. C. Fabium legatum cum cohortibus XXV mittit in diversissimam partem Galliae, quod ibi quasdam civitates in armis esse audiebat neque C. Caninium Rebilum legatum, qui in illis regionibus erat, satis firmas duas legiones habere existimabat. 3. Titum Labienum ad se evocat; legionem autem XV, quae cum eo fuerat in hibernis, in togatam Galliam mittit ad colonias civium Romanorum tuendas, ne quod simile incommodum accideret decursione barbarorum ac superiore aestate Tergestinis acciderat, qui repentino latrocinio atque impetu illorum erant oppressi. 4. Ipse ad vastandos depopulandosque fines Ambiorigis proficiscitur; quem perterritum ac fugientem cum redigi posse in suam potestatem desperasset, proximum suae dignitatis esse ducebat, adeo fines eius vastare civibus, aedificiis, pecore, ut odio suorum Ambiorix, si quos fortuna reliquos fecisset, nullum reditum propter tantas calamitates haberet in civitatem.

XXV. 1. Cum in omnes partes finium Ambiorigis aut legiones aut auxilia dimisisset atque omnia caedibus, incendiis, rapinis vastasset, magno numero hominum interfecto aut capto Labienum cum duabus legionibus in Treveros mittit, 2. quorum civitas propter Germaniae vicinitatem cotidianis exercitata bellis cultu et feritate non multum a Germanis differebat neque imperata umquam nisi exercitu coacta faciebat.

XXVI. 1. Interim Gaius Caninius legatus, cum magnam multitudinem convenisse hostium in fines Pictonum litteris nuntiisque Durati cognosceret, qui perpetuo in amicitia manserat Romanorum, cum pars quaedam civitatis eius defecisset, ad oppidum Lemonum contendit. 2. Quo cum adventaret atque ex captivis certius cognosceret multis hominum milibus a Dumnaco, duce Andium, Duratium clausum Lemoni oppugnari neque infirmas legiones hostibus committere auderet, castra posuit loco munito. 3. Dumnacus, cum appropinquare Caninium cognosset, copiis omnibus ad legiones conversis castra Romanorum oppugnare instituit. 4. Cum complures dies in oppugnatione consumpsisset et magno suorum detrimento nullam partem munitionum convellere potuisset, rursus ad obsidendum Lemonum redit.

XXVII. 1. Eodem tempore C. Fabius legatus complures civitates in fidem recipit, obsidibus firmat litterisque Gai Canini Rebili fit certior quae in Pictonibus gerantur. 2. Quibus rebus cognitis proficiscitur ad auxilium Duratio ferendum. At Dumnacus adventu Fabi cognito desperata salute, si tempore eodem coactus esset et Romanum externum sustinere hostem et respicere ac timere oppidanos, repente ex eo loco cum copiis recedit nec se satis tutum fore arbitratur, nisi flumine Ligeri, quod erat ponte propter magnitudinem transeundum, copias traduxisset. 3. Fabius, etsi nondum in conspectum venerat hostibus neque se Caninio coniunxerat, tamen doctus ab eis qui locorum noverant naturam potissimum credidit hostes perterritos eum locum, quem petebant, petituros. 4. Itaque cum copiis ad eundem pontem contendit equitatumque tantum procedere ante agmen imperat legionum, quantum cum processisset, sine defatigatione equorum in eadem se reciperet castra. 5. Consecuntur equites nostri, ut erat praeceptum, invaduntque Dumnaci agmen et fugientes perterritosque sub sarcinis in itinere adgressi magna praeda multis interfectis potiuntur. Ita re bene gesta se recipiunt in castra.

XXVIII. 1. Insequenti nocte Fabius equites praemittit sic paratos ut confligerent atque omne agmen morarentur, dum consequeretur ipse. 2. Cuius praeceptis ut res gereretur, Quintus Atius Varus, praefectus equitum, singularis et animi et prudentiae vir, suos hortatur agmenque hostium consecutus turmas partim idoneis locis disponit, parte equitum proelium committit. 3. Confligit audacius equitatus hostium succedentibus sibi peditibus, qui toto agmine subsistentes equitibus suis contra nostros ferunt auxilium. Fit proelium acri certamine. 4. Namque nostri contemptis pridie superatis hostibus, cum subsequi legiones meminissent, et pudore cedendi et cupiditate per se conficiendi proeli fortissime contra pedites proeliantur, 5. hostesque nihil amplius copiarum accessurum credentes, ut pridie cognoverant, delendi equitatus nostri nacti occasionem videbantur.

XXIX. 1. Cum aliquamdiu summa contentione dimicaretur, Dumnacus instruit aciem quae suis esset equitibus in vicem praesidio, cum repente confertae legiones in conspectum hostium veniunt. 2. Quibus visis perculsae barbarorum turmae ac perterritae acies hostium, perturbato impedimentorum agmine, magno clamore discursuque passim fugae se mandant. 3. At nostri equites, qui paulo ante cum resistentibus fortissime conflixerant, laetitia victoriae elati magno undique clamore sublato cedentibus circumfusi, quantum equorum vires ad persequendum dextraeque ad caedendum valent, tantum eo proelio interficiunt. 4. Itaque amplius milibus XII aut armatorum aut eorum qui eo timore arma proiecerant interfectis omnis multitudo capitur impedimentorum.

XXX. 1. Qua ex fuga cum constaret Drappetem Senonem, qui, ut primum defecerat Gallia, collectis undique perditis hominibus, servis ad libertatem vocatis, exulibus omnium civitatum adscitis, receptis latronibus impedimenta et commeatus Romanorum interceperat, non amplius hominum duobus milibus ex fuga collectis provinciam petere unaque consilium cum eo Lucterium Cadurcum cepisse, quem superiore commentario prima defectione Galliae facere in provinciam voluisse impetum cognitum est, 2. Caninius legatus cum legionibus duabus ad eos persequendos contendit, ne detrimento aut timore provinciae magna infamia perditorum hominum latrociniis caperetur.

XXXI. 1. Gaius Fabius cum reliquo exercitu in Carnutes ceterasque proficiscitur civitates, quarum eo proelio, quod cum Dumnaco fecerat, copias esse accisas sciebat. 2. Non enim dubitabat quin recenti calamitate summissiores essent futurae, dato vero spatio ac tempore eodem instigante Dumnaco possent concitari. 3. Qua in re summa felicitas celeritasque in recipiendis civitatibus Fabium consequitur. 4. Nam Carnutes, qui saepe vexati numquam pacis fecerant mentionem, datis obsidibus veniunt in deditionem, ceteraeque civitates positae in ultimis Galliae finibus Oceano coniunctae, quae Armoricae appellantur, auctoritate adductae Carnutum adventu Fabi legionumque imperata sine mora faciunt. 5. Dumnacus suis finibus expulsus errans latitansque solus extremas Galliae regiones petere est coactus.

XXXII. 1. At Drappes unaque Lucterius, cum legiones Caniniumque adesse cognoscerent nec se sine certa pernicie persequente exercitu putarent provinciae fines intrare posse nec iam libere vagandi latrociniorumque faciendorum facultatem haberent, in finibus consistunt Cadurcorum. 2. Ibi cum Lucterius apud suos cives quondam integris rebus multum potuisset, semperque auctor novorum consiliorum magnam apud barbaros auctoritatem haberet, oppidum Vxellodunum, quod in clientela fuerat eius, egregie natura loci munitum, occupat suis et Drappetis copiis oppidanosque sibi coniungit.

XXXIII. 1. Quo cum confestim Gaius Caninius venisset animadverteretque omnes oppidi partes praeruptissimis saxis esse munitas, quo defendente nullo tamen armatis ascendere esset difficile, magna autem impedimenta oppidanorum videret, quae si clandestina fuga subtrahere conarentur, effugere non modo equitatum, sed ne legiones quidem possent, tripertito cohortibus divisis trina excelsissimo loco castra fecit; 2. a quibus paulatim, quantum copiae patiebantur, vallum in oppidi circuitum ducere instituit.

XXXIV. 1. Quod cum animadverterent oppidani miserrimaque Alesiae memoria solliciti similem casum obsessionis vererentur, maximeque ex omnibus Lucterius, qui fortunae illius periculum fecerat, moneret frumenti rationem esse habendam, constituunt omnium consensu parte ibi relicta copiarum ipsi cum expeditis ad importandum frumentum proficisci. 2. Eo consilio probato proxima nocte duobus milibus armatorum relictis reliquos ex oppido Drappes et Lucterius educunt. 3. Hi paucos dies morati ex finibus Cadurcorum, qui partim re frumentaria sublevare eos cupiebant, partim prohibere quo minus sumerent non poterant, magnum numerum frumenti comparant, nonnumquam autem expeditionibus nocturnis castella nostrorum adoriuntur. 4. Quam ob causam Gaius Caninius toto oppido munitiones circumdare moratur, ne aut opus effectum tueri non possit aut plurimis in locis infirma disponat praesidia.

XXXV. 1. Magna copia frumenti comparata considunt Drappes et Lucterius non longius ab oppido X milibus, unde paulatim frumentum in oppidum supportarent. 2. Ipsi inter se provincias partiuntur : Drappes castris praesidio cum parte copiarum restitit ; Lucterius agmen iumentorum ad oppidum ducit. 3. Dispositis ibi praesidiis hora noctis circiter decima silvestribus angustisque itineribus frumentum importare in oppidum instituit. 4. Quorum strepitum vigiles castrorum cum sensissent, exploratoresque missi quae gererentur renuntiassent, Caninius celeriter cum cohortibus armatis ex proximis castellis in frumentarios sub ipsam lucem impetum fecit. 5. Ei repentino malo perterriti diffugiunt ad sua praesidia ; quae nostri ut viderunt, acrius contra armatos incitati neminem ex eo numero vivum capi patiuntur. Profugit inde cum paucis Lucterius nec se recipit in eastra.

XXXVI. 1. Re bene gesta Caninius ex captivis comperit partem copiarum cum Drappete esse in castris a milibus longe non amplius XII. 2. Qua re ex compluribus cognita, cum intellegeret fugato duce altero perterritos reliquos facile opprimi posse, magnae felicitatis esse arbitrabatur neminem ex caede refugisse in castra qui de accepta calamitate nuntium Drappeti perferret. 3. Sed in experiendo cum periculum nullum videret, equitatum omnem Germanosque pedites, summae velocitatis homines, ad castra hostium praemittit ; ipse legionem unam in trina castra distribuit, alteram secum expeditam ducit. 4.

Cum propius hostes accessisset, ab exploratoribus quos praemiserat cognoscit castra eorum, ut barbarorum fere consuetudo est, relictis locis superioribus ad ripas fluminis esse demissa; at Germanos equitesque imprudentibus omnibus de improviso advolasse proeliumque commisisse. 5. Qua re cognita legionem armatam instructamque adducit. Ita repente omnibus ex partibus signo dato loca superiora capiuntur. 6. Quod ubi accidit, Germani equitesque signis legionis visis vehementissime proeliantur. Confestim cohortes undique impetum faciunt omnibusque aut interfectis aut captis magna praeda potiuntur. Capitur ipse eo proelio Drappes.

XXXVII. 1. Caninius felicissime re gesta sine ullo paene militis vulnere ad obsidendos oppidanos revertitur 2. externoque hoste deleto, cuius timore antea dividere praesidia et munitione oppidanos circumdare prohibitus erat, opera undique imperat administrari. Venit eodem cum suis copiis postero die Gaius Fabius partemque oppidi sumit ad obsidendum.

XXXVIII. 1. Caesar interim M. Antonium quaestorem cum cohortibus XV in Bellovacis relinquit, ne qua rursus novorum consiliorum capiendorum Belgis facultas daretur. 2. Ipse reliquas civitates adit, obsides plures imperat, timentes omnium animos consolatione sanat. 3. Cum in Carnutes venisset, quorum in civitate superiore commentario Caesar exposuit initium belli esse ortum, quod praecipue eos propter conscientiam facti timere animadvertebat, quo celerius civitatem timore liberaret, principem sceleris illius et concitatorem belli, Gutruatum, ad supplicium depoposcit. 4. Qui etsi ne civibus quidem suis se committebat, tamen celeriter omnium cura quaesitus in castra perducitur. 5. Cogitur in eius supplicium Caesar contra suam naturam concursu maximo militum, qui ei omnia pericula et detrimenta belli accepta referebant, adeo ut verberibus exanimatum corpus securi feriretur.

XXXIX. 1. Ibi crebris litteris Canini fit certior quae de Drappete et Lucterio gesta essent, quoque in consilio permanerent oppidani. 2. Quorum etsi paucitatem contemnebat, tamen pertinaciam magna poena esse adficiendam iudicabat, ne universa Gallia non sibi vires defuisse ad resistendum Romanis, sed constantiam putaret, neve hoc exemplo ceterae civitates locorum opportunitate fretae se vindicarent in libertatem, 3. cum omnibus Gallis notum esse sciret reliquam esse unam aestatem suae provinciae, quam si sustinere potuissent, nullum ultra periculum vererentur. 4. Itaque Q. Calenum legatum cum legionibus reliquit qui iustis itineribus subsequeretur; ipse cum omni equitatu quam potest celerrime ad Caninium contendit.

XL. 1. Cum contra exspectationem omnium Caesar Vxellodunum venisset oppidumque operibus clausum animadverteret neque ab oppugnatione recedi videret ulla condicione posse, magna autem copia frumenti abundare oppidanos ex perfugis cognosset, aqua prohibere hostem temptare coepit. 2. Flumen infimam vallem dividebat, quae totum paene montem cingebat, in quo positum erat praeruptum undique oppidum Vxellodunum. 3. Hoc avertere loci natura prohibebat: in infimis enim sic radicibus montis ferebatur, ut nullam in partem depressis fossis derivari posset. 4. Erat autem oppidanis difficilis et praeruptus eo descensus, ut prohibentibus nostris sine vulneribus ac periculo vitae neque adire flumen neque arduo se recipere possent ascensu. 5. Qua difficultate eorum cognita Caesar sagittariis funditoribusque dispositis, tormentis etiam quibusdam locis contra facillimos descensus collocatis aqua fluminis prohibebat oppidanos.

XLI. 1. Quorum omnis postea multitudo aquatorum unum in locum conveniebat sub ipsius oppidi murum, ubi magnus fons aquae prorumpebat ab ea parte, quae fere pedum CCC intervallo fluminis circuitu vacabat. 2. Hoc fonte prohiberi posse oppidanos cum optarent reliqui, Caesar unus videret, e regione eius vineas agere adversus montem et aggerem instruere coepit magno cum labore et continua dimicatione. 3. Oppidani enim loco superiore decurrunt et eminus sine periculo proeliantur multosque pertinaciter succedentes vulnerant; non deterrentur tamen milites nostri vineas proferre et labore atque operibus locorum vincere difficultates. 4. Eodem tempore cuniculos tectos ab vineis agunt ad caput fontis; quod genus operis sine ullo periculo, sine suspicione hostium facere licebat. 5. Exstruitur agger in altitudinem pedum sexaginta, collocatur in eo turris decem tabulatorum, non quidem quae moenibus aequaret (id enim nullis operibus effici poterat), sed quae superare fontis fastigium posset. 6. Ex ea cum tela tormentis iacerentur ad fontis aditum, nec sine periculo possent aquari oppidani, non tantum pecora atque iumenta, sed etiam magna hostium multitudo siti consumebatur.

XLII. 1. Quo malo perterriti oppidani cupas sebo, pice, scandulis complent; eas ardentes in opera provolvunt eodemque tempore acerrime proeliantur, ut ab incendio restinguendo dimicationis periculo deterreant Romanos. 2. Magna repente in ipsis operibus flamma exstitit. Quaecumque enim per locum praecipitem missa erant, ea vineis et aggere suppressa comprehendebant id ipsum quod morabatur. 3. Milites contra nostri, quamquam periculoso genere proeli locoque iniquo premebantur, tamen omnia fortissimo sustinebant animo. 4. Res enim gerebatur et excelso loco et in conspectu exercitus nostri, magnusque utrimque clamor oriebatur. 5. Ita quam quisque poterat maxime insignis, quo notior testatiorque virtus esset eius, telis hostium flammaeque se offerebat.

XLIII. 1. Caesar cum complures suos vulnerari videret, ex omnibus oppidi partibus cohortes montem ascendere et simulatione moenium occupandorum clamorem undique iubet tollere. 2. Quo facto perterriti oppidani, cum quid ageretur in locis reliquis essent suspensi, revocant ab impugnandis operibus armatos murisque disponunt. 3. Ita nostri fine proeli facto celeriter opera flamma comprehensa partim restinguunt, partim interscindunt. 4. Cum pertinaciter resisterent oppidani, magna etiam parte amissa siti suorum in sententia permanerent, ad postremum cuniculis venae fontis intercisae sunt atque aversae. 5. Quo facto repente perennis exaruit fons tantamque attulit oppidanis salutis desperationem, ut id non hominum consilio, sed deorum voluntate factum putarent. Itaque se necessitate coacti tradiderunt.

XLIV. 1. Caesar, cum suam lenitatem cognitam omnibus sciret neque vereretur ne quid crudelitate naturae videretur asperius fecisse, neque exitum consiliorum suorum animadverteret, si tali ratione diversis in locis plures consilia inissent, exemplo supplici deterrendos reliquos existimavit. 2. Itaque omnibus qui arma tulerant manus praecidit vitamque concessit, quo testatior esset poena improborum. 3. Drappes, quem captum esse a Caninio docui, sive indignitate et dolore vinculorum sive timore gravioris supplici paucis diebus cibo se abstinuit atque ita interiit. 4. Eodem tempore Lacterius, quem profugisse ex proelio scripsi, cum in potestatem venisset Epasnacti Arverni 5. (crebro enim mutandis locis multorum fidei se committebat, quod nusquam diutius sine periculo commoraturus videbatur, cum sibi conscius esset, quam inimicum deberet Caesarem habere), 6. hunc Epasnactus Arvernus, amicissimus populi Romani, sine dubitatione ulla vinctum ad Caesarem deduxit.

XLV. 1. Labienus interim in Treveris equestre proelium facit secundum compluribusque Treveris interfectis et Germanis, qui nullis adversus Romanos auxilia denegabant, principes eorum vivos redigit in suam potestatem 2. atque in his Surum Aeduum, qui et virtutis et generis summam nobilitatem habebat solusque ex Aeduis ad id tempus permanserat in armis.

XLVI. 1. Ea re cognita Caesar, cum in omnibus partibus Galliae bene res geri videret iudicaretque superioribus aestivis Galliam devictam subactamque esse, Aquitaniam numquam adisset, per Publium Crassum quadam ex parte devicisset, cum duabus legionibus in eam partem Galliae est profectus, ut ibi extremum tempus consumeret aestivorum. 2. Quam rem sicuti cetera celeriter feliciterque confecit. Namque omnes Aquitaniae civitates legatos ad Caesarem miserunt obsidesque ei dederunt. 3. Quibus rebus gestis ipse equitum praesidio Narbonem profectus est, exercitum per legatos in hiberna deduxit : 4. quattuor legiones in Belgio collocavit cum M. Antonio et C. Trebonio et P. Vatinio legatis, duas legiones in Aeduos deduxit, quorum in omni Gallia summam esse auctoritatem sciebat, duas in Turonis ad fines Carnutum posuit, quae omnem illam regionem coniunctam Oceano continerent, duas reliquas in Lemovicum finibus non longe ab Arvernis, ne qua pars Galliae vacua ab exercitu esset. 5. Paucos dies ipse in provincia moratus, cum celeriter omnes conventus percucurrisset, publicas controversias cognosset, 6. bene meritis praemia tribuisset (cognoscendi enim maximam facultatem habebat, quali quisque fuisset animo in totius Galliae defectione, quam sustinuerat fidelitate atque auxiliis provinciae illius), his confectis rebus ad legiones in Belgium se recipit hibernatque Nemetocennae.

XLVII. 1. Ibi cognoscit Commium Atrebatem proelio cum equitatu suo contendisse. 2. Nam cum Antonius in hiberna venisset, civitasque Atrebatum in officio esset, Commius, qui post illam vulnerationem, quam supra commemoravi, semper ad omnes motus paratus suis civibus esse consuesset, ne consilia belli quaerentibus auctor armorum duxque deesset, 3. parente Romanis civitate cum suis equitibus latrociniis se suosque alebat infestisque itineribus commeatus complures, qui comportabantur in hiberna Romanorum, intercipiebat.

XLVIII. 1. Erat attributus Antonio praefectus equitum C. Volusenus Quadratus qui cum eo hibernaret. Hunc Antonius ad persequendum equitatum hostium mittit. 2. Volusenus ad eam virtutem, quae singularis erat in eo, magnum odium Commi adiungebat, quo libentius id faceret quod imperabatur. Itaque dispositis insidiis saepius equites eius adgressus secunda proelia faciebat. 3. Novissime, cum vehementius contenderetur, ac Volusenus ipsius intercipiendi Commi cupiditate pertinacius eum cum paucis insecutus esset, ille autem fuga vehementi Volusenum produxisset longius, inimicus homini suorum invocat fidem atque auxilium, ne sua vulnera per fidem imposita paterentur impunita, conversoque equo se a ceteris incautius permittit in praefectum. 4. Faciunt hoc idem omnes eius equites paucosque nostros convertunt atque insequuntur. 5. Commius incensum calcaribus equum coniungit equo Quadrati lanceaque infesta magnis viribus medium femur traicit Voluseni. 6. Praefecto vulnerato non dubitant nostri resistere et conversis equis hostem pellere. 7. Quod ubi accidit, complures hostium magno nostrorum impetu perculsi vulnerantur ac partim in fuga proteruntur, partim intercipiuntur; quod malum dux equi velocitate evitavit: graviter adeo vulneratus praefectus, ut vitae periculum aditurus videretur, refertur in castra. 8. Commius autem sive expiato suo dolore sive magna parte amissa suorum legatos ad Antonium mittit seque et ibi futurum, ubi praescripserit, et ea facturum, quae imperarit, obsidibus firmat; 9. unum illud orat, ut timori suo concedatur, ne in conspectum veniat cuiusquam Romani. Cuius postulationem Antonius cum iudicaret ab iusto nasci timore, veniam petenti dedit, obsides accepit. 10. Scio Caesarem singulorum annorum singulos commentarios confecisse; quod ego non existimavi mihi esse faciendum, propterea quod insequens annus, L. Paulo C.

Marcello consulibus, nullas habet magnopere Galliae res gestas. 11. Ne quis tamen ignoraret, quibus in locis Caesar exercitusque eo tempore fuissent, pauca esse scribenda coniungendaque huic commentario statui.

XLIX. 1. Caesar in Belgio cum hiemaret, unum illud propositum habebat, continere in amicitia civitates, nulli spem aut causam dare armorum. 2. Nihil enim minus volebat quam sub decessu suo necessitatem sibi aliquam imponi belli gerendi, ne, cum exercitum deducturus esset, bellum aliquod relinqueretur quod omnis Gallia libenter sine praesenti periculo susciperet. 3. Itaque honorifice civitates appellando, principes maximis praemiis adficiendo, nulla onera iniungendo defessam tot adversis proeliis Galliam condicione parendi meliore facile in pace continuit.

L. 1. Ipse hibernis peractis contra consuetudinem in Italiam quam maximis itineribus est profectus, ut municipia et colonias appellaret, quibus M. Antoni quaestoris sui, commendaverat sacerdoti petitionem. 2. Contendebat enim gratia cum libenter pro homine sibi coniunctissimo, quem paulo ante praemiserat ad petitionem, tum acriter contra factionem et potentiam paucorum, qui M. Antoni repulsa Caesaris decedentis gratiam convellere cupiebant. 3. Hunc etsi augurem prius factum quam Italiam attingeret in itinere audierat, tamen non minus iustam sibi causam municipia et colonias adeundi existimavit, ut eis gratias ageret, quod frequentiam atque officium suum Antonio praestitissent, 4. simulque se et honorem suum sequentis anni commendaret, propterea quod insolenter adversarii sui gloriarentur L. Lentulum et C. Marcellum consules creatos qui omnem honorem et dignitatem Caesaris spoliarent, ereptum Ser. Galbae consulatum, cum is multo plus gratia suffragiisque valuisset, quod sibi coniunctus et familiaritate et consuetudine legationis esset.

LI. 1. Exceptus est Caesaris adventus ab omnibus municipiis et coloniis incredibili honore atque amore. 2. Tum primum enim veniebat ab illo universae Galliae bello. Nihil relinquebatur quod ad ornatum portarum, itinerum, locorum omnium qua Caesar iturus erat excogitari poterat. 3. Cum liberis omnis multitudo obviam procedebat, hostiae omnibus locis immolabantur, tricliniis stratis fora templaque occupabantur, ut vel exspectatissimi triumphi laetitia praecipi posset. Tanta erat magnificentia apud opulentiores, cupiditas apud humiliores.

LII. 1. Cum omnes regiones Galliae togatae Caesar percucurrisset, summa celeritate ad exercitum Nemetocennam rediit legionibusque ex omnibus hibernis ad fines Treverorum evocatis eo profectus est ibique exercitum lustravit. 2. T. Labienum Galliae togatae praefecit, quo maiore commendatione conciliaretur ad consulatus petitionem. Ipse tantum itinerum faciebat, quantum satis esse ad mutationem locorum propter salubritatem existimabat. 3. Ibi quamquam crebro audiebat Labienum ab inimicis suis sollicitari certiorque fiebat id agi paucorum consiliis, ut interposita senatus auctoritate aliqua parte exercitus spoliaretur, tamen neque de Labieno credidit quidquam neque contra senatus auctoritatem ut aliquid faceret potuit adduci. Iudicabat enim liberis sententiis patrum conscriptorum causam suam facile obtineri. 4. Nam C. Curio, tribunus plebis, cum Caesaris causam dignitatemque defendendam suscepisset, saepe erat senatui pollicitus, si quem timor armorum Caesaris laederet, et quoniam Pompei dominatio atque arma non minimum terrorem foro inferrent, discederet uterque ab armis exercitusque dimitteret : fore eo facto liberam et sui iuris civitatem. 5. Neque hoc tantum pollicitus est, sed etiam per se discessionem facere coepit; quod ne fieret consules amicique Pompei iusserunt atque ita rem morando discusserunt.

LIII. 1. Magnum hoc testimonium senatus erat universi conveniensque superiori facto. Nam Marcellus proximo anno, cum impugnaret Caesaris dignitatem, contra legem Pompei et Crassi rettulerat ante tempus ad senatum de Caesaris provinciis, sententiisque dictis discessionem faciente Marcello, qui sibi omnem dignitatem ex Caesaris invidia quaerebat, senatus frequens in alia omnia transiit. 2. Quibus non frangebantur animi inimicorum Caesaris, sed admonebantur quo maiores pararent necessitates, quibus cogi posset senatus id probare, quod ipsi constituissent.

LIV. 1. Fit deinde senatus consultum, ut ad bellum Parthicum legio una a Cn. Pompeio, altera a C. Caesare mitteretur; neque obscure duae legiones uni detrahuntur. 2. Nam Cn. Pompeius legionem primam, quam ad Caesarem miserat, confectam ex delectu provinciae Caesaris, eam tamquam ex suo numero dedit. 3. Caesar tamen, cum de voluntate minime dubium esset adversariorum suorum, Pompeio legionem remisit et suo nomine quintam decimam, quam in Gallia citeriore habuerat, ex senatus consulto iubet tradi. In eius locum tertiam decimam legionem in Italiam mittit quae praesidia tueretur, ex quibus praesidiis quinta decima deducebatur. 4. Ipse exercitui distribuit hiberna : C. Trebonium cum legionibus quattuor in Belgio collocat, C. Fabium cum totidem in Aeduos deducit. 5. Sic enim existimabat tutissimam fore Galliam, si Belgae, quorum maxima virtus, Aedui, quorum auctoritas summa esset, exercitibus continerentur. Ipse in Italiam profectus est.

LV. 1. Quo cum venisset, cognoscit per C. Marcellum consulem legiones duas ab se remissas, quae ex senatus consulto deberent ad Parthicum bellum duci, Cn. Pompeio traditas atque in Italia retentas esse. 2. Hoc facto quamquam nulli erat dubium, quidnam contra Caesarem pararetur, tamen Caesar omnia patienda esse statuit, quoad sibi spes aliqua relinqueretur iure potius disceptandi quam belli gerendi. Contendit ...

Table des matières

Commentarius Primus	1
Commentarius Secundus	27
Commentarius Tertius	41
Commentarius Quartus	53
Commentarius Quintus	69
Commentarius Sextus	95
Commentarius Septimus	115
Commentarius Octavus	155

En quête de l'outil idéal pour apprendre les langues anciennes ?

Nous avons créé une plateforme
qui transforme l'apprentissage du latin.

Des textes interactifs.
Adaptés à chaque niveau de latin.
Un concentré de connaissances inclus.

Découvrez
→ ArmaVirumque.fr ←

Printed in Great Britain
by Amazon